사회평론

글 사회평론 과학교육연구소
대학에서 오랫동안 과학을 연구한 전문가들이 모여, 우리 아이들이 쉽고 재미있게 공부할 수 있는 책을 만들고 있습니다.

글 설정민 (사회평론 과학교육연구소 연구원)
서울대학교 생물학과를 졸업하고 같은 대학교 대학원에서 석사 학위를 받은 뒤 박사 과정을 수료하였습니다. 아이에게 과학을 쉽고 재미있게 얘기해 주려 노력하다 보니 어린이를 위한 책을 만드는 일에도 관심을 가지게 되었습니다. 현재 사회평론 과학교육연구소 연구원으로 과학책을 만들고 있습니다.

글 김형진 (사회평론 과학교육연구소 연구원)
연세대학교 천문대기과학과를 졸업하고 같은 대학교 대학원에서 석사, 박사 학위를 받았습니다. 과학자를 꿈꾸는 아이들에게 올바른 과학 개념과 과학적 태도를 함께 키울 수 있는 방법을 전달하기 위해 노력하고 있습니다. 현재 사회평론 과학교육연구소 연구원으로 과학책을 만들고 있습니다.

글 이명화 (사회평론 과학교육연구소 연구원)
서울대학교 물리교육과를 졸업하고 같은 대학교 대학원에서 석사, 박사 학위를 받았습니다. 10여 년간 중학교에서 과학을 가르쳤으며, 미국 아리조나 주립대에서 물리학으로 박사 학위를 받고 독일, 미국, 영국에서 연구원으로 근무하였습니다. 쉽고 재미있는 과학책을 쓰는 일에 관심을 갖고 있으며, 현재 사회평론 과학교육연구소 연구원으로 과학책을 만들고 있습니다.

그림 조현상 (매드푸딩스튜디오)
미국 필라델피아에서 U-Arts를 졸업했습니다. 한국과 미국에서 동화, 일러스트레이션, 만화 등 다양한 작업을 하고 있습니다.
mad-pudding.com | instagram.com/madpuddingstudio

그림 김지희
만화가이자 일러스트레이터로 활동하고 있습니다. 그린 책으로 《드래곤빌리지 학습도감 13 : 해적앵무》, 《난생 처음 한번 공부하는 미술 이야기 5》, 《난생 처음 한번 공부하는 미술 이야기 6》 등이 있습니다.

그림 전성연
대학교에서 그래픽디자인을 전공했고, 현재 직장을 다니며 일러스트 작업을 하고 있습니다.

감수 박재근
서울대학교 생물교육과를 졸업하고 같은 대학교 대학원에서 과학교육 전공으로 석사, 박사 학위를 받았습니다. 생물교육과 환경교육을 주로 연구하고 있으며, 중학교, 고등학교 교사를 거쳐 현재 경인교육대학교 과학교육과 교수로 재직 중입니다. 2015 개정 교육과정의 중학교 과학교과서, 초등학교 과학교과서를 함께 저술하였습니다.

캐릭터 이우일
홍익대학교에서 시각디자인을 공부한 만화가입니다. 그림책 작가인 아내 선현경, 딸 은서, 고양이 카프카와 함께 그림을 그리고 글을 쓰며 살고 있습니다. 지은 책으로 《우일우화》, 《옥수수빵파랑》, 《좋은 여행》, 《고양이 카프카의 고백》 등이 있고, 그린 책으로 《노빈손》 시리즈, 《용선생의 시끌벅적 한국사》 시리즈, 《교양으로 읽는 용선생 세계사》 시리즈 등이 있습니다.

용선생의 시끌벅적 과학교실

유전

글 사회평론 과학교육연구소 | 그림 조현상·김지희·전성연 | 감수 박재근 | 캐릭터 이우일

범인을 찾아 줄게, 내 이름은 DNA!

사회평론

프롤로그

여러분, 안녕? 과학반을 맡은 용선생이야. 내 명성은 익히 들어 봤겠지? 역사반과 세계사반을 모두 훌륭하게 성공시키며 방과 후 교실 최고의 인기 교사가 된 그 용선생이란다. 교장 선생님께서 특별히 부탁하셔서 이번에는 과학반을 맡게 되었어. 어찌나 사정을 하시던지 도무지 거절할 수가 없었지 뭐야. 그래서 이 몸이 깜짝 놀랄 수업을 준비했단다.

우리의 수업은 언제나 질문과 함께 출발해. 세상을 둘러보다가 누군가 "저건 왜 그래요?" 하고 질문하면 바로 그 순간 수업이 시작되는 거지. 이제부터 용선생의 시끌벅적 과학교실을 제대로 즐기는 방법을 하나씩 알려 줄게.

첫째, 과학반 친구들과 함께 호기심을 갖고 질문해 봐. 과학을 어렵게만 생각하지 말고, 매 교시마다 아이들이 어떤 호기심을 가지는지 관심을 가져 봐. 과학반 친구들과 함께 '왜 그럴까?', '어떻게 알아낼 수 있을까?' 고민하다 보면 어렵던 과학도 쉽게 느껴질 거야.

둘째, 어려운 내용은 사진과 그림으로 이해해 봐. 어려운 과학 개념과 원리를 한 장의 사진이나 그림을 통해 단숨에 이해할 수도 있어. 그래서 너희를 위해 사진과 그림을 많이 준비했단다. 글을 읽다가 어렵다 싶으면 옆에 있는 사진과 그림을 봐. 잘 이해되지 않던 내용이 틀림없이 술술 이해될 거야.

셋째, 배운 내용을 되새기며 머릿속에 정리해 봐. 왁자지껄한 수업을 마치고 나면 뭘 배웠는지 정리가 안 될 때도 있을 거야. 그럴 때를 대비해 중간중간 핵심 정리를 준비했어. 또 배운 내용을 4컷 만화로 재미있게 요약해 두었지. 게다가 교시가 끝날 때마다 나선애의 정리노트도 마련했단다. 이 정도면 학습 정리는 문제없겠지?

과학은 분야도 다양하고 배울 내용도 아주 많아. 쉽게 이해할 수 있는 부분도 있지만, 여러 번 곰곰이 생각해 봐야 알 수 있는 부분도 있지. 이 책을 여러 번 다시 읽다 보면 구석구석 빠짐없이 모두 이해될 거야.

자, 이제 용선생의 시끌벅적 과학교실을 제대로 즐길 준비가 됐겠지? 그럼 신나는 수업을 시작해 볼까?

차례 | 유전

1교시 | 유전이란?
부모님이 나에게 물려주신 것은?

자식이 부모를 닮는 까닭은? … 13
유전은 어떻게 일어날까? … 16
유전자의 정체를 밝혀라! … 18

나선애의 정리 노트 … 22
과학퀴즈 달인을 찾아라! … 23

교과연계
초 3-1 동물의 한살이 |
초 6-2 우리 몸의 구조와 기능 |
중 3 생식과 유전

3교시 | 사람의 유전
보조개는 어떻게 유전되는 걸까?

사람의 유전은 어떻게 연구할까? … 44
가계도를 그려 봐! … 49
쌍꺼풀도 멘델의
유전 원리를 따를까? … 52

나선애의 정리 노트 … 56
과학퀴즈 달인을 찾아라! … 57
용선생의 과학 카페 … 58
— 머리카락 색깔은 어떻게 유전될까?

교과연계
초 3-1 동물의 한살이 | 중 3 생식과 유전

2교시 | 유전의 원리
어미 개와 강아지의 털 색깔이 다른 까닭은?

유전의 원리를 어떻게 알아냈을까? … 26
완두의 형질은 어떻게 유전될까? … 29
잡종은 어떤 자손을 만들까? … 34

나선애의 정리 노트 … 38
과학퀴즈 달인을 찾아라! … 39
용선생의 과학 카페 … 40
— 멘델의 유전 원리는 항상 맞을까?

교과연계
초 4-1 식물의 한살이 | 중 3 생식과 유전

4교시 | 혈액형의 유전

부모님과 혈액형이 다른 까닭은?

혈액형을 왜 나누는 걸까? … 62
ABO식 혈액형을 나타내는 유전자는? … 66
ABO식 혈액형은 어떻게 유전될까? … 69

나선애의 정리 노트 … 72
과학퀴즈 달인을 찾아라! … 73
용선생의 과학 카페 … 74
  – 동물의 혈액형은 어떻게 나뉠까?

교과연계
초 3-1 동물의 한살이 | 중 3 생식과 유전

6교시 | 유전 공학

DNA로 어떻게 범인을 알아낼까?

DNA 검사로 범인을 찾아라! … 94
DNA로 어떻게 질병을 고칠까? … 98
유전자 변형 생물을 만드는 까닭은? … 102

나선애의 정리 노트 … 106
과학퀴즈 달인을 찾아라! … 107
용선생의 과학 카페 … 108
  – 유전자 변형 생물을 찾아봐!

교과연계
중 3 생식과 유전

5교시 | 반성 유전

왜 남자가 여자보다 색맹이 더 많을까?

남자와 여자는 어떻게 결정될까? … 78
남자가 색맹이 더 많은 까닭은? … 82
반성 유전을 하는 또 다른 형질은? … 86

나선애의 정리 노트 … 90
과학퀴즈 달인을 찾아라! … 91

교과연계
초 3-1 동물의 한살이 | 중 3 생식과 유전

가로세로 퀴즈 … 110
교과서 속으로 … 112

찾아보기 … 114
퀴즈 정답 … 115

등장인물

용쓴다 용써!
용선생

- 체력 ★★★
- 지력 ★★★★★
- 감성 ★★★
- 호기심 ★★★★★
- 유머 ★★

열정이 가득한 과학 선생님. 하늘을 향해 거침없이 솟은 머리카락과 삐죽삐죽한 수염이 매력 포인트. 생생한 과학 수업을 하기 위해 물불을 가리지 않는다.

장하다 장해!
장하다

- 체력 ★★★★★
- 지력 ★
- 감성 ★★★★
- 호기심 ★★★★
- 유머 ★★★★★

'튼튼하게만 자라 다오.'라는 아버지의 소원대로 튼튼하게 자랐다. 성격은 일등, 성적은 비밀이다. 시험을 못 봐도 씩씩하고 엉뚱한 질문으로 수업에 활력을 준다.

오늘도 나선다!
나선애

- 체력 ★★★★
- 지력 ★★★★
- 감성 ★★★
- 호기심 ★★★★★
- 유머 ★★★

과학자를 꿈꾸는 우등생. 공부도 잘하고 아는 게 많아서 모든 일에 앞장서는 타입이다. 겉으로는 차가워 보이지만 내심 따뜻한 면도 가지고 있다. 전혀 티가 안 나서 그렇지.

잘난 척 대장
왕수재

- 체력 ★★★
- 지력 ★★★★
- 감성 ★
- 호기심 ★★★★★
- 유머 ★

세상에서 자기가 제일 잘난 줄 안다. '천재는 외로운 법이고 질투의 대상인 법'이라나. 친구들에게 깐족거리는 데에도 천재적이다. 그래도 수업에는 늘 적극적으로 참여한다.

낭만 가득
허영심

체력 ★★★★★
지력 ★★★
감성 ★★★★★
호기심 ★★★★★
유머 ★★

감성이 풍부해도 너무 풍부하다. 떨어지는 낙엽이나 밤하늘의 별을 보며 눈물짓고, 조그만 벌레와 대화를 나누는 사차원 성격. 하지만 누구보다 정이 많고 낭만적이다.

과학반 귀염둥이
곽두기

체력 ★★★
지력 ★★★★
감성 ★★★★
호기심 ★★★★★
유머 ★★★★

형과 누나들의 귀여움을 독차지하는 과학반 막내. 나이도 가장 어리고 타고난 동안이라 언뜻 보면 유치원생 같다. 훈장 할아버지 덕에 어려운 단어를 줄줄 꿰고 있다.

우리를 찾아봐!

DNA(디엔에이)
유전 정보를 담고 있는 물질로, 두 개의 가닥이 꼬여 있는 모양이야.

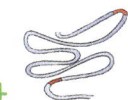

유전자
생물의 형질을 나타나게 하는 유전 정보로, 유전을 일으켜.

상염색체
염색체 중에서 남자와 여자가 공통으로 가지고 있는 염색체야.

성염색체
염색체 중에서 남자와 여자가 다르게 가지고 있는 염색체야.

완두
꼬투리 속에 콩이 맺히는 식물이야. 멘델이 유전을 연구하기 위해 실험에 이용했어.

적혈구
혈액에 있는 붉은색을 띠는 세포야. 혈액형을 결정하는 물질이 있어.

1교시 | 유전이란?

부모님이 나에게 물려주신 것은?

우아. 새끼 고양이는 정말 귀여워!

새끼가 어미를 쏙 빼닮았네.

교과연계

초 3-1 동물의 한살이
초 6-2 우리 몸의 구조와 기능
중 3 생식과 유전

어째서 새끼는 어미를 닮는 거지?

그게 궁금하면 함께 알아보자!

1. 유전이란?
2. 유전의 원리
3. 사람의 유전
4. 혈액형의 유전
5. 반성 유전
6. 유전 공학

나선애가 과학실에 들어서는 곽두기에게 사진을 건넸다.

"두기야, 이 사진 네 것 같은데? 바닥에 떨어져 있더라."

"어, 고마워! 아까 가방 열 때 흘렸나 봐. 근데 내 사진인 줄 어떻게 알았어?"

"사진 속에 있는 사람이 너잖아. 아니야?"

"헤헤, 실은 우리 아빠 어렸을 때 사진이야."

그러자 다른 아이들도 모두 사진을 들여다보았다.

"우아, 곽두기 너 아빠를 쏙 빼닮았네!"

"맞아. 어쩜 이렇게 닮을 수 있지? 신기하다."

어깨너머로 사진을 보던 용선생이 말했다.

"그 까닭이 궁금하면 오늘 함께 알아볼까?"

"좋아요!"

자식이 부모를 닮는 까닭은?

"혹시 가족 중 누구와 닮았다는 말 들은 적 있니?"
곽두기가 사진을 흔들며 말했다.
"그럼요! 이 사진을 보세요. 전 아빠 닮았다는 말 많이 들어요."
"전 엄마요. 엄마를 닮아 이렇게 예쁘답니다. 호호호."
허영심의 말에 왕수재가 고개를 절레절레 흔들었다.
"하하, 그렇구나. 우리가 부모님을 닮은 건 부모님의 특성이 자식인 우리에게 전해졌기 때문이야. 이 현상을 남길 유(遺), 전할 전(傳) 자를 써서 '유전'이라고 한단다. 사람뿐만이 아니라 모든 생물에서 유전이 일어나지. 다른 동물도 마찬가지야."
용선생은 화면에 사진을 띄웠다.

▲ 부모의 특성은 자식에게 전해져.

> **나선애의 과학 사전**
>
> **형질** 모양 형(形) 바탕 질(質). 생물이 나타내는 모양, 성질 같은 특성을 말해.

"아유, 귀여워라. 새끼 고양이가 어미를 똑 닮았어요."

"털 색깔이나 귀 모양만 봐도 누가 누구 새끼인지 알겠어요. 이게 다 유전 때문이라는 거죠?"

"맞아. 생물마다 모양이나 색깔 같은 특성이 다른데, 이런 특성 하나하나를 형질이라고 해."

"형질이요?"

"응. 고양이의 털 색깔이나 귀 모양은 고양이의 형질이야. 사람의 머리카락 색깔이나 눈 모양은 사람의 형질이고. 부모가 가진 형질은 유전을 통해 자손에게 나타나지."

왕수재가 손을 들고 물었다.

"모든 생물에서 유전이 일어난다고 하셨잖아요. 그러면 동물 말고 식물에서도 유전이 일어나요?"

> **나선애의 과학 사전**
>
> **생식** 생물 생(生) 불릴 식(殖). 생물이 자신과 닮은 생물을 새로 만들어 수를 불리는 것을 말해.

"그럼! 생물이 자손을 만드는 걸 생식이라고 하는데, 생물이 생식을 할 때 유전이 일어나. 식물은 꽃을 피워 생식을 하고, 씨를 만들어. 그렇게 만든 씨가 자라서 자손인 식물이 되지. 동물의 암컷과 수컷이 짝짓기해서 자손을 낳는 것처럼 말이야."

▲ 동물과 식물의 생식

아이들은 "그렇군요." 하며 고개를 끄덕였다.

"사람들은 아주 오래전부터 사람을 비롯해 동물과 식물에서도 유전이 일어난다는 걸 경험으로 알고 있었어. 그래서 가축을 기르거나 농사를 지을 때 유전을 이용했단다."

"유전을 이용한다고요? 어떻게요?"

▲ 유전을 이용하는 예

"사람이 원하는 형질을 가진 동물이나 식물을 일부러 짝 지워 자손을 만드는 거야. 그럼 질병에 강한 가축이나 열매를 많이 맺는 농작물을 얻을 수 있지."

장하다가 머리를 긁적이며 말했다.

"유전은 옛날 사람들도 이용할 만큼 잘 알려진 거였군요. 저는 잘 모르는데……"

"하하, 옛날 사람들도 유전이 어떻게 일어나는지 정확히

알지는 못했단다."

"오, 이제는 유전이 어떻게 일어나는지 아나요?"

> 부모의 특성이 자식에게 전해지는 현상을 유전이라고 해. 사람들은 오래 전부터 유전을 이용하여 가축을 기르거나 농사를 지었어.

 유전은 어떻게 일어날까?

"물론이야. 과학자들이 유전을 연구한 지 겨우 150년이 조금 넘었지만 많은 것이 밝혀졌어. 우선 유전이 어떻게 일어나는지부터 알아볼까?"

"좋아요."

"유전을 일으키는 건 바로 '유전자'야. 유전자는 생물의 형질을 나타나게 하는 유전 정보를 말해."

"유전 정보요?"

"응. 생물이 자라고 살아가는 데 필요한 갖가지 물질을 만드는 정보이지. 쉽게 말해 우리는 유전 정보 때문에 개나 고양이와 다른 사람의 형질이 나타나고, 엄마나 아빠의

◀ 부모의 유전자가 자손에게 전달돼.

생김새를 닮는 거야."

곽두기가 고개를 갸웃거리며 말했다.

"그럼 제가 아빠를 닮은 건 아빠한테 유전자를 받았기 때문인가요?"

"그렇지. 생물은 생식을 통해 자손을 만들고, 자손에게 유전자를 물려준단다. 부모에게 있는 유전자가 자손에게 전달되어 유전을 일으켜."

허영심이 눈을 크게 뜨고 물었다.

"그럼 유전자는 우리 몸 어디에 있죠?"

"우리 몸을 이루는 세포 속 핵에 있어."

용선생의 과학 현미경

세포는 생물의 몸을 이루는 기본 단위야. 사람의 몸은 약 40조 개의 세포로 이루어져 있지. 세포는 보통 크기가 $\frac{1}{100}$ ~ $\frac{1}{10}$ ㎜(밀리미터) 정도로 매우 작아서 현미경으로나 관찰할 수 있어.

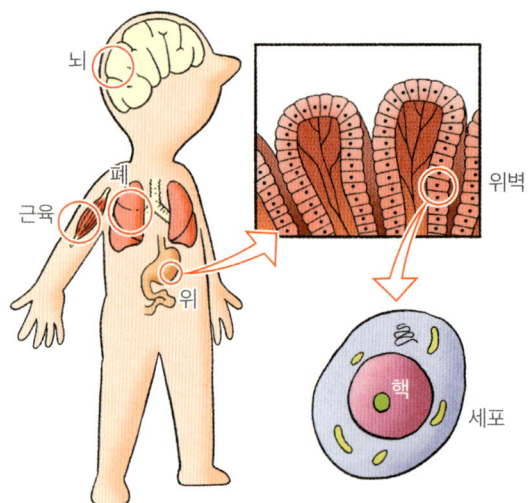

▲ **우리 몸의 구성** 뇌, 근육, 폐, 위 등 우리 몸에 있는 기관은 모두 세포로 이루어져 있어.

"세포 속 핵? 그게 뭐예요?"

"우리 몸은 맨눈으로 보기 힘들 정도로 작은 세포들로 이루어져 있어. 핵은 세포에서 일어나는 생명 활동을 총지휘하는 곳인데, 유전자는 이 핵 속에 있지."

유전을 일으키는 건 유전자야. 유전자는 생물의 형질을 나타나게 하는 유전 정보로, 몸을 이루는 세포 속 핵에 들어 있어.

유전자의 정체를 밝혀라!

나선애가 노트 필기를 멈추며 말했다.

"선생님, 유전자가 핵 속에 있다는 게 여전히 상상이 안 돼요. 조금만 더 자세히 설명해 주세요."

"좋아, 유전자에 대해 더 자세히 알아보자. 과학자들은 세포를 또렷하게 관찰하기 위해 관찰 전에 세포를 염색해. 그러면 핵 속에 막대처럼 생긴 물질이 염색이 잘되어 진하게 보이지. 막대처럼 생긴 이 물질을 염색이 잘된다고 해서 '염색체'라고 불러."

장하다가 웃으며 말했다.

"킥킥, 염색이 잘돼서 염색체라고요? 정말 이름을 쉽게 지었네요."

"하하, 그렇지? 염색체는 가느다란 실이 꼬이고 뭉쳐서 이루어져 있어. 이 실 모양의 물질을 DNA(디엔에이)라고 해."

"DNA? 많이 들어본 것 같아요."

용선생은 화면을 바꿨다.

> **곽두기의 낱말 사전**
>
> **염색** 실이나 천, 머리카락 따위에 색깔을 내는 물질을 입혀서 물들이는 걸 말해.

> **나선애의 과학 사전**
>
> **DNA(디엔에이)** 생물체가 살아가는 데 필요한 유전 정보를 담고 있는 물질이야. DNA란 이름은 데옥시리보핵산(Deoxyribo Nucleic Acid)이라는 영어 이름의 앞 글자를 딴 거야.

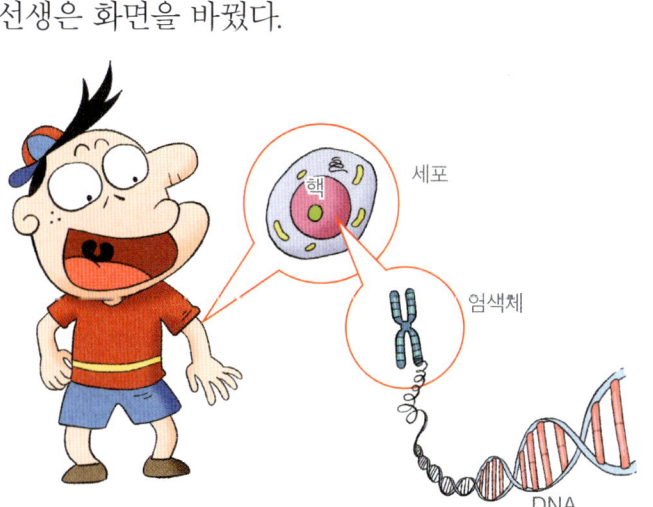

◀ 세포 속 핵에는 DNA가 뭉쳐서 이루어진 염색체가 있어.

"어, 꼭 꽈배기같이 생긴 게 있네요."

"응, 그게 바로 DNA야. DNA는 유전 정보를 담고 있는 물질인데, 꽈배기처럼 두 개의 가닥이 꼬여 있는 모양을 하고 있지."

"아까 유전자가 유전 정보라고 하셨잖아요. 그럼 DNA에 유전자가 있는 건가요?"

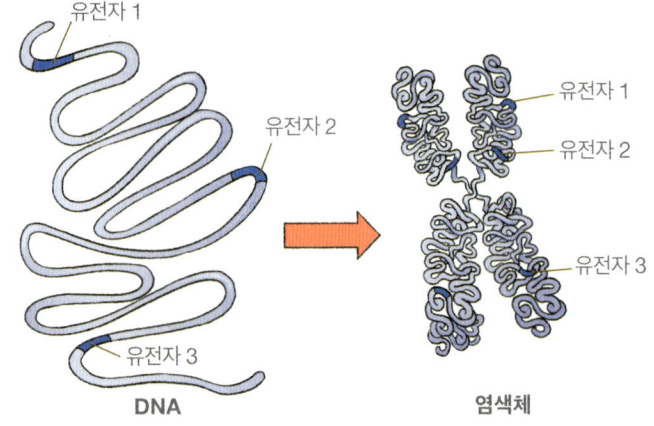

▶ 유전자, DNA, 염색체의 관계
DNA 곳곳에 수많은 유전자가 있어. DNA가 꼬이고 뭉쳐 염색체를 이뤄.

"맞아. DNA 안에서 유전 정보를 담고 있는 부분이 바로 유전자야. 유전자는 DNA 곳곳에 있어. 사람의 경우 핵 하나에 염색체가 46개 있고, 46개의 염색체를 이루는 DNA 전체에 2만 개가 넘는 유전자가 퍼져 있지."

"아하, 이제 알겠어요."

"그럼 현미경으로 관찰한 사람의 염색체 사진을 볼까?"

용선생이 사진을 띄우자 왕수재가 말했다.

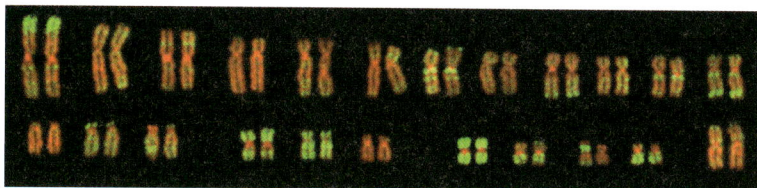

▲ 사람의 염색체

"꼭 양말 짝을 맞춰 놓은 것 같아요."

"하하하! 그렇게 보일 수도 있겠다. 핵 속에는 모양과 크기가 같은 염색체가 두 개씩 한 쌍을 이루고 있지. 마치 양말처럼 말이야. 참고로, 모양과 크기가 같은 두 개의 염색체는 각각 부모로부터 하나씩 받은 거란다."

"어, 그러면 아빠로부터 23개, 엄마로부터 23개를 받아서 46개의 염색체가 되는 건가요?"

"빙고! 제대로 이해했구나."

그때 장하다가 벌떡 일어나며 외쳤다.

"선생님, 아무래도 오늘 배운 걸 잘 기억하려면 DNA를 닮은 꽈배기를 먹어야 할 것 같아요."

"하하! 그래, 기분이다. 다 같이 꽈배기 먹으러 가자!"

핵심정리

DNA는 유전 정보를 담고 있는 물질이야. DNA 곳곳에 유전자가 있어. DNA가 꼬이고 뭉쳐서 염색체를 이뤄.

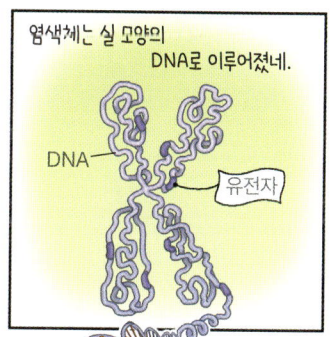
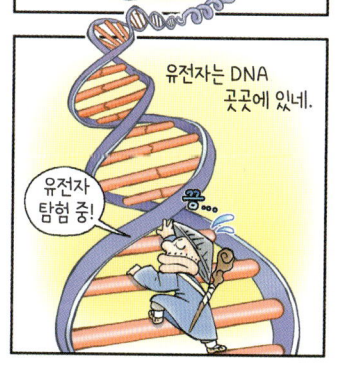

나선애의 정리노트

1. ⓐ [   ]
   ① 부모의 특성이 자식에게 전해지는 현상
   • ⓑ [   ]: 생물마다 서로 다르게 나타나는 각각의 특성
   ② 사람들은 오래전부터 가축을 기르고 농작물을 키울 때 유전을 이용함.

2. ⓒ [   ]
   ① 생물의 형질을 나타나게 하는 유전 정보
   ② 유전을 일으킴.
   ③ 생물의 몸을 이루는 세포 속 ⓓ [   ]에 들어 있음.
   • 염색체: ⓔ [   ]가 꼬이고 뭉쳐서 이룬 덩어리
   • DNA: 유전 정보를 담고 있는 물질. DNA 곳곳에 유전자가 있음.

DNA → 염색체
(유전자 1, 유전자 2, 유전자 3)

ⓐ 유전 ⓑ 형질 ⓒ 유전자 ⓓ 핵 ⓔ DNA

 # 과학퀴즈 달인을 찾아라!

●정답은 115쪽에

01

친구들이 이번 시간 배운 내용에 대해 이야기하고 있어. 옳으면 O, 옳지 않으면 X를 표시해 줘.

① 새끼 고양이가 어미를 닮는 건 유전 때문이야. (   )
② 핵 속에 있는 염색체는 염색이 잘돼. (   )
③ 사람은 염색체가 총 23개 있어. (   )

02

아래 힌트를 보고 네모 칸에서 유전에 대한 낱말 세 개를 찾아서 동그라미로 표시해 줘. 정답은 가로, 세로, 대각선으로 찾으면 돼.

> **힌트**
> 생물은 ○○을 해서 자손을 만들고,
> 자손에게 ○○○를 물려준단다.
> 그래서 생물마다 생김새나 크기, 색깔 같은 특성인
> ○○이 서로 다르게 나타나.

학	유	치	원
생	물	전	서
식	도	품	자
당	형	질	서

2교시 | 유전의 원리

어미 개와 강아지의 털 색깔이 다른 까닭은?

우아! 강아지가 어미젖을 먹고 있어.

근데 어미 개랑 털 색깔이 다른 강아지도 있네?

"할머니 댁 개가 새끼를 낳았어. 정말 귀엽지?"

장하다는 과학반 아이들에게 사진을 내밀며 자랑했다.

"우아, 정말 귀엽다. 근데 한 마리만 색깔이 다르네. 다 검은색인데 얘만 누런색이야."

"걔만 아빠를 닮은 거겠지."

아이들 얘기에 장하다가 이마를 찌푸리며 말했다.

"아니, 아빠 개도 엄마 개처럼 검은색이야."

"그래? 어째서 얘만 부모와 다르지?"

 **유전의 원리를 어떻게 알아냈을까?**

용선생이 아이들에게 다가서며 말했다.

"사진 속 강아지가 어째서 부모와 다르게 누런색 털이라는 형질을 갖게 됐는지 궁금하구나? 형질은 생물이 나타내는 고유한 특성인 건 잊지 않았겠지?"

"네, 당연하죠!"

"너희의 궁금증을 풀려면 유전의 원리를 알아야 해."

"유전의 원리요?"

"응. 멘델이라는 사람이 밝힌 원리이지. 멘델의 유전 원리라고도 해. 멘델은 1856년부터 완두를 이용해서 실험했는데, 이게 유전의 원리를 밝히기 위한 최초의 과학 연구라고 할 수 있어. 그는 7년 동안 완두를 키우면서 완두의 형질이 어떻게 유전되는지 연구했어."

"완두? 완두콩이 열리는 식물인가요?"

"그래. 완두콩은 완두에 맺히는 씨야."

왕수재가 팔짱을 끼며 말했다.

"흠, 저희가 주로 궁금한 건 개나 사람의 유전인데…… 멘델은 왜 하필 완두를 연구한 거죠?"

"생각해 봐. 사람의 유전을 연구하기 위해 남자와 여자를 마음대로 결혼시키고 아이를 낳게 할 수 있을까?"

"에이, 그러면 안 되죠."

"그래. 사람의 유전을 관찰할 수는 있지만 실험할 수는

▲ 그레고어 멘델 (1822년~1884년) 오스트리아의 성직자이자 과학자야. 수도원의 작은 뜰에서 완두를 기르며 유전의 원리를 발견했어.

▲ 완두

없지. 동물의 유전도 실험해 볼 수는 있지만, 연구가 쉽진 않아."

"어째서요?"

"만약 개의 유전을 실험한다고 해 보자. 개가 짝짓기해서 새끼를 낳고, 그중에 암컷 새끼가 자라서 다시 새끼를 낳는 것까지 관찰하려면 몇 년씩 걸려."

"아, 시간이 오래 걸리는군요."

"맞아. 반면 완두는 불과 2~3개월 만에 씨를 수확할 수 있다 보니, 1년에도 두세 차례 심어 여러 세대를 연구할 수 있어. 또 완두 한 그루에서만 수십 개의 씨가 생기니까, 많아야 열 마리 정도 낳는 개와는 비교할 수 없게 자손 수도 많지. 땅에 심고 물만 주면 되니까 키우기도 쉽단다."

"흠, 그렇게 따져 보니 완두는 연구할 만하네요."

"자, 그럼 완두 씨 사진을 볼래? 모양을 자세히 봐."

"흠, 둥근 모양이랑 주름진 모양이 있네요."

"응. 완두 씨 모양은 완두가 가진 형질 중 하나야. 보다시피 둥근 것과 주름진 것, 두 종류가 있어."

"오호, 그렇군요."

"하나의 형질 안에서 뚜렷하게 구별되는 특성을 '대립 형질'이라고 해. 씨 모양이 둥근 것과 주름진 것은 대립 형

 곽두기의 낱말 사전

세대 한 생물이 생겨나서 죽을 때까지의 기간, 또는 한 생물이 생겨나서 다시 자손을 남길 때까지의 기간을 말해.

▲ 완두 씨 모양

질이지. 완두는 씨 모양 외에도 대립 형질이 많아."

"또 어떤 대립 형질이 있는데요?"

▲ 완두 씨 색깔

"예를 들어 씨 색깔도 노란색과 초록색의 둘 중 하나만 나타나. 그러니까 씨 색깔이 노란색인 것과 초록색인 것이 대립 형질이지. 이렇듯 완두는 대립 형질이 뚜렷해서 어떤 형질이 나타나고, 어떤 형질이 나타나지 않는지 연구하기에 좋아."

핵심정리

완두는 키우기 쉽고, 한 세대가 짧으며, 많은 수의 자손을 얻을 수 있어. 또 대립 형질이 뚜렷해서 멘델의 유전 연구에 이용됐어.

완두의 형질은 어떻게 유전될까?

나선애가 손을 들고 물었다.

"그래서 멘델은 완두로 어떤 연구를 했어요?"

"멘델은 여러 세대 동안 완두를 길렀어. 그러다 부모가 가진 형질이 자손에게 그대로 나타나는 경우가 있다는 걸

발견했지. 예를 들어, 둥근 씨에서 자란 식물은 둥근 씨만 만드는 거야."

"아, 부모와 자손의 형질이 똑같네요?"

"응. 이렇게 자신과 형질이 똑같은 자손만 만드는 생물을 '순종'이라고 해. 둥근 씨 말고 다른 형질도 순종이 있었어. 씨 모양이 주름진 것이나 씨 색깔이 노란색인 것도 모두 순종이 있었지. 멘델은 각각의 형질마다 순종을 확실하게 얻기 위해 완두를 자가 수분시켰어."

"자가 수분이요? 그게 뭔데요?"

"식물은 꽃의 수술에 있는 꽃가루가 암술과 만나 씨를 만들어. 이때 한 꽃 안에서 꽃가루와 암술이 만나는 걸 자가 수분이라고 해. 자가 수분을 시키면 부모의 형질이 자손에게 그대로 나타나는 경우가 많아. 그래서 멘델은 붓에 꽃가루를 묻혀 같은 꽃의 암술에 자가 수분시켰지."

> **나선애의 과학 사전**
>
> **자가 수분** 스스로 자(自) 집 가(家) 받을 수(受) 가루 분(粉). 하나의 꽃 안에서 꽃가루가 암술에 붙는 걸 말해.

▲ 완두꽃

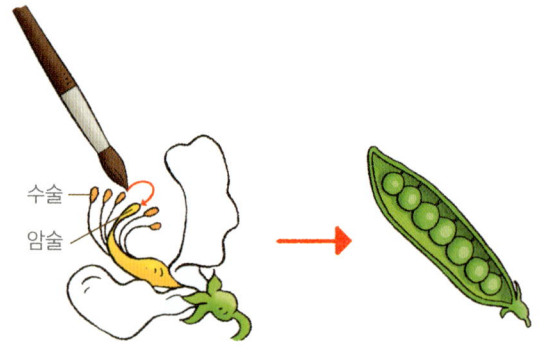

▲ **멘델의 자가 수분 실험** 멘델은 붓으로 꽃가루를 같은 꽃 안의 암술에 묻혀 주고, 다른 꽃의 꽃가루가 오지 못하게 꽃에 봉투를 씌웠어.

"오호, 그래서요?"

"완두를 여러 세대 동안 자가 수분시켜, 둥근 씨만 만드는 순종의 둥근 완두, 주름진 씨만 만드는 순종의 주름진 완두를 얻었어. 순종을 얻은 멘델은 한 가지 궁금증이 생겼단다. 과연 두 순종 사이에서는 어떤 모양의 씨가 생길지 말이야."

곽두기가 고개를 갸웃거리며 말했다.

"그건 자가 수분으로는 안 될 것 같은데……."

"두기 말이 맞아. 그래서 멘델은 순종 완두끼리 교배하는 실험을 했어."

"교배는 어떻게 하는 건데요?"

"서로 다른 완두꽃의 꽃가루와 암술을 만나게 해. 먼저 한 완두꽃의 수술이 다 자라기 전에 미리 잘라내고, 다른 완두꽃의 꽃가루를 붓에 묻혀서 암술에 옮기지."

"수술을 미리 잘라내면 자가 수분이 일어나지 않겠네요?"

"그렇지. 멘델은 대립 형질을 나타내는 순종 완두끼리 교배해서 자손을 얻었어. 이렇게 서로 다른 순종끼리 교배하여 얻은 자손을 '잡종'이라고 불러. 자, 그러면 여기에서

> **나선애의 과학 사전**
>
> **교배** 섞을 교(交) 짝지을 배(配). 사람이 생물의 암수를 짝짓기시켜 자손을 얻는 걸 말해.

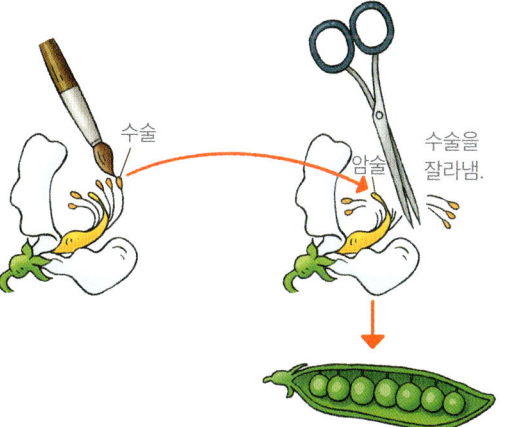

▲ 완두 교배

"퀴즈! 순종의 둥근 완두와 순종의 주름진 완두를 교배하여 얻은 잡종은 어떤 모양일 것 같니?"

아이들은 잠시 생각에 잠겼다.

"반은 둥글고, 나머지 반은 주름졌을 것 같아요."

"제 생각엔 아마 주름이 조금만 있는 중간 모양일 것 같아요."

아이들의 이야기에 용선생이 웃으며 말했다.

"사실 멘델도 너희처럼 예상했지만 실험 결과는 달랐어. 순종끼리 교배하여 얻은 잡종은 모두 둥근 모양만 나타냈거든."

"그게 정말이에요?"

"혹시 실험이 잘못된 게 아니고요?"

"하하, 다른 대립 형질의 순종 완두로 교배 실험을 해도 마찬가지였단다. 잡종은 한 가지 형질만 나타냈지. 순종인 노란색 완두와 초록색 완두를 교배하면 잡종은 모두 노란색이었어."

"신기하네요!"

"멘델은 대립 형질 중에서 잡종 자손에게 나타나는 형

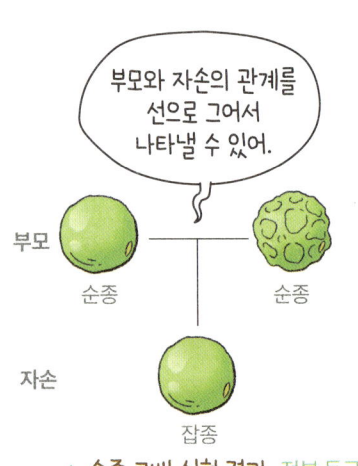

▲ 순종 교배 실험 결과 전부 둥근 완두만 생겼어.

질을 '우성', 나타나지 않는 형질을 '열성'이라 불렀어. 그렇다면 대립 형질인 둥근 모양과 주름진 모양 중 어떤 게 우성이고, 어떤 게 열성일까?"

"잡종은 모두 둥근 모양이니까, 둥근 모양이 우성이고 주름진 모양이 열성이에요!"

"맞아. 순종의 대립 형질끼리 교배했을 때 잡종 자손은 우성 형질만 나타낸다는 것, 이게 바로 멘델이 발견한 첫 번째 유전 원리란다. '우열의 원리'라고 하지."

허영심이 눈을 크게 뜨며 물었다.

"근데 우성이 우수한 형질인가요?"

형질	씨 모양	씨 색깔
우성	둥근 모양	노란색
열성	주름진 모양	초록색

▲ 완두 대립 형질의 우성과 열성 관계

"하하, 그런 건 아니야. 단지 잡종 자손에서 나타나는 형질을 우성이라고 부르는 것뿐이지. 우성인 둥근 모양이 열성인 주름진 모양에 비해 살아가는 데 우수하거나 유리한 건 아니거든."

핵심정리

순종의 대립 형질끼리 교배하여 얻은 잡종은 우성 형질만 나타내. 이것이 멘델이 발견한 우열의 원리이지.

잡종은 어떤 자손을 만들까?

장하다가 고개를 갸웃하며 투덜거렸다.

"우열의 원리를 배워도 여전히 이 강아지가 부모와 다른 까닭은 모르겠어요."

"아직 중요한 유전의 원리를 하나 더 알아봐야 해. 먼저 순종의 둥근 완두와 순종의 주름진 완두를 교배하여 얻은 첫 번째 잡종 세대를 잡종 1대라고 불러."

"전부 다 씨가 둥근 완두였죠."

"그래. 잡종 1대에 주름진 모양이 나타나지 않아서, 멘델은 이 형질이 아예 사라진 건 아닌지 궁금했어. 그래서 잡종 1대 완두를 자가 수분했지. 이렇게 얻은 자손인 잡종 2대의 형질을 관찰한 거야."

"잡종 2대는 어떤 형질이었나요?"

"잡종 2대에는 둥근 모양과 주름진 모양이 모두 나타났어. 수천 개의 씨를 일일이 세어 보았더니, 약 $\frac{3}{4}$은 부모인 잡종 1대와 같은 둥근 모양을 나타냈지만, 약 $\frac{1}{4}$은 잡종 1대에

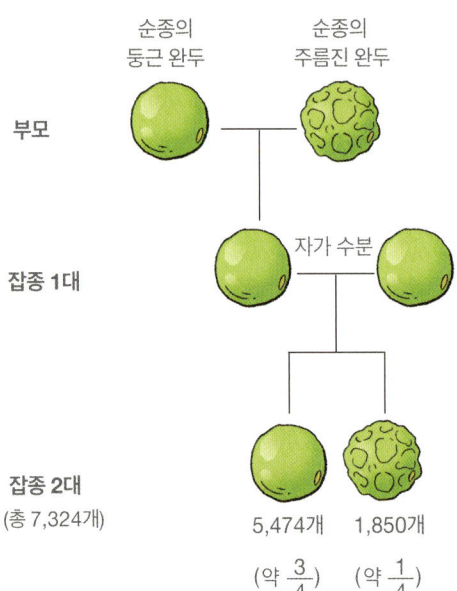

▲ 잡종 1대 자가 수분 실험 결과

없던 주름진 모양을 나타냈지."

"사라졌던 형질이 다시 나타났네요! 어떻게 된 거죠?"

"지난 시간에 유전은 부모의 특성이 자식에게 전해지는 것이고, 유전을 일으키는 건 유전자라고 배웠지? 완두의 대립 형질을 나타나게 하는 것도 유전자야. 이 유전자는 모양과 크기가 같은 염색체 한 쌍에서 같은 자리에 위치하고 있어. 이 한 쌍의 유전자를 '대립유전자'라고 불러."

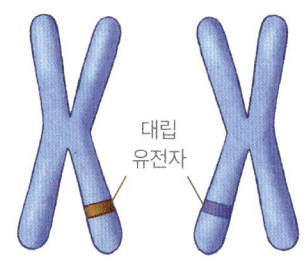

▲ 대립유전자는 모양과 크기가 같은 염색체 한 쌍에 있어.

"오호, 대립유전자라는 게 있군요."

"대립유전자에는 우성 형질을 나타내는 우성 유전자와 열성 형질을 나타내는 열성 유전자가 있단다."

"유전자에도 우성과 열성이 있네요?"

"그래. 잡종 2대에서 주름진 모양이 다시 나타난 건, 대립유전자 한 쌍이 하나씩 분리되어 자손에게 전해지기 때문이야. 이게 바로 멘델이 발견한 또 다른 유전 원리인, '분리의 법칙'이란다."

"아하! 분리되니까 분리의 법칙, 기억하기 좋네요!"

"이제 대립유전자를 알파벳으로 표시해서 멘델의 교배 실험을 설명해 볼게. 보통 우성 유전자를 대문자로, 열성 유전자를 소문자로 표시해."

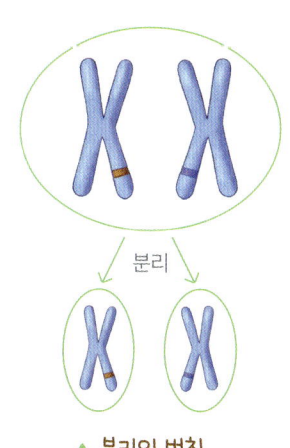

▲ 분리의 법칙

"어떻게요?"

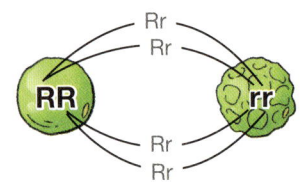

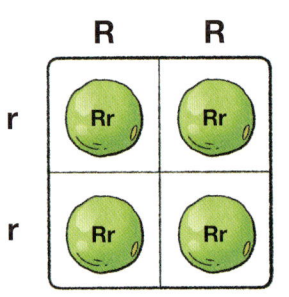

▲ 순종 우성(RR)과 순종 열성(rr)을 교배하면 잡종(Rr)이 생겨. 알파벳 R은 둥글다는 뜻의 영어 round의 앞글자를 딴 거야.

"둥근 씨를 나타내는 우성 유전자는 R(알), 주름진 씨를 나타내는 열성 유전자는 r로 표시하는 식이야. 순종의 둥근 완두는 염색체 한 쌍에 모두 우성 유전자만 있어. 그러니까 RR로 표시할 수 있지. 그럼 순종의 주름진 완두는 유전자를 어떻게 표시하면 될까?"

"열성 유전자 r이 한 쌍 있으니까 rr로 표시하겠죠."

"맞아! 그리고 둥근 완두 RR과 주름진 완두 rr을 교배한 잡종 1대는 부모로부터 대립유전자를 각각 하나씩 물려받아서 Rr로 표시하지. Rr인 잡종 1대는 둥근 모양을 나타내."

"오호, 잡종은 유전자가 섞였네요!"

"이제 잡종 1대를 자가 수분한 잡종 2대도 같은 방법으로 표시해 보자. Rr인 잡종 1대는 분리의 법칙에 따라 대립유전자 한 쌍이 분리되므로, 자손에게 R 또는 r을 물려줄 수 있어. 그래서 잡종 1대의 자손인 잡종 2대에서는 RR, Rr, rr이 모두 만들어지지."

"어, rr은 순종의 주름진 완두였죠?"

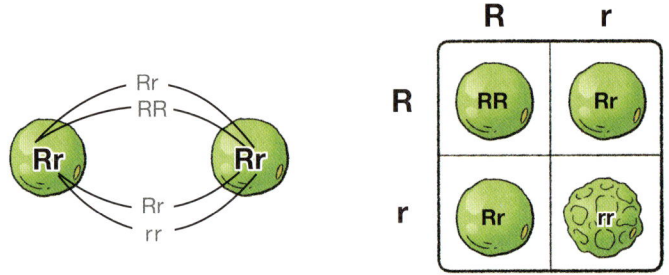

▲ 잡종(Rr)을 자가 수분하면 순종과 잡종이 모두 생겨.

그때 곽두기가 벌떡 일어나 말했다.

"주름진 모양은 열성인데, 다시 나타난 거네요!"

"하하, 그렇지. 잡종 2대 전체를 좀 더 살펴볼까? RR인 순종의 둥근 완두가 $\frac{1}{4}$, Rr인 잡종의 둥근 완두가 $\frac{2}{4}$, rr인 순종의 주름진 완두가 $\frac{1}{4}$ 만큼 나타나. 그래서 멘델의 실험 결과에서 둥근 완두는 잡종 2대 전체의 $\frac{3}{4}$, 주름진 완두는 전체의 $\frac{1}{4}$ 만큼 나타난 거야."

"정말 유전은 나름 원리를 갖고 일어나네요."

"맞아. 잡종 2대에서 열성인 주름진 모양이 나타난 것처럼, 부모에게 나타나지 않았던 열성 형질이 자손에서 나타날 수 있어. 하다의 사진 속 강아지도 부모에게 나타나지 않은 열성 형질을 나타낸 거라고 볼 수 있지."

"그래서 털 색깔이 달랐던 거군요!"

"하지만 개의 털 색깔은 완두의 씨 모양과 달리 복잡한 형질이야. 그래서 분리의 법칙으로 모든 털 색깔을 다 설명할 수는 없고, 대략 이 정도만 짐작해 볼 수 있단다."

"그거라도 알 수 있다니, 멘델의 유전 원리는 굉장해요!"

"하하, 그렇지? 그럼 오늘 수업은 여기까지!"

핵심정리

잡종 1대를 자가 수분하면, 잡종 2대의 $\frac{1}{4}$이 열성 형질을 나타내. 이는 대립유전자 한 쌍이 분리되어 자손에게 전해지기 때문이야. 이걸 분리의 법칙이라 해.

나선애의 정리노트

1. 멘델의 유전 연구

① ⓐ [　　] 를 이용한 까닭
- 키우기 쉽고, 한 ⓑ [　　] 가 짧으며, 많은 자손을 얻을 수 있음.
- 대립 형질이 뚜렷함.

2. 유전의 원리

① 우열의 원리: ⓒ [　　] 의 대립 형질끼리 교배했을 때 잡종 1대에서 우성 형질만 나타남.
- 우성: 잡종 1대에서 나타나는 형질
- ⓓ [　　] : 잡종 1대에서 나타나지 않는 형질

형질	씨 모양	씨 색깔
우성	(둥근 초록)	(노랑)
열성	(주름진 초록)	(초록)

② ⓔ [　　] 의 법칙: 대립유전자 한 쌍이 분리되어 자손에게 전해짐.

ⓔ 분리 ⓓ 열성 ⓒ 순종 ⓑ 세대 ⓐ 완두

과학퀴즈 달인을 찾아라!

●정답은 115쪽에

01

친구들이 이번 시간에 배운 내용에 대해 이야기하고 있어. 옳으면 O, 옳지 않으면 X를 표시해 줘.

① 우성 형질은 열성 형질에 비해 우수해. (　　)

② 순종의 둥근 완두와 순종의 주름진 완두를 교배하면 전부 둥근 씨만 생겨. (　　)

③ 잡종 1대를 자가 수분하면, 열성 형질이 다시 나타나. (　　)

02

아이들이 보물 상자를 발견했는데 비밀번호로 잠겨 있어. 힌트가 적힌 쪽지의 빈칸을 모두 채우면 세 자리 비밀번호를 알 수 있대. 친구들이 보물 상자를 열 수 있게 도와줘.

	R	r
R	RR	Rr
r	Rr	rr

힌트

□에 들어갈 숫자를 순서대로 누르시오.

멘델의 완두 교배 실험에서 잡종 1대를 자가 수분하여 얻은 잡종 2대에서는

하나 순종의 둥근 완두가 $\dfrac{1}{□}$ 만큼 나타나.

둘 잡종의 둥근 완두가 $\dfrac{□}{4}$ 만큼 나타나.

셋 주름진 완두가 $\dfrac{□}{4}$ 만큼 나타나.

👍 알았다! 비밀번호는 □□□ 이야!

| 용선생의 과학 카페 | 용선생의 한국사 카페 | 용선생의 세계사 카페 | |

https://cafe.naver.com/yongyong

용선생의 과학 카페

과학계의 핵인싸,
용선생의 과학 카페에
오신 걸 환영합니다.

Log in

MENU

물리면 아프다
화학이 화하하
생물 오징어
지구는 둥글다

멘델의 유전 원리는 항상 맞을까?

 멘델은 완두의 유전을 연구하여 우열의 원리와 분리의 법칙이라는 유전 원리를 발견했어. 하지만 멘델의 유전 원리가 항상 맞는 건 아니야.

 원리가 맞지 않을 때도 있어요?

 그래. 대표적인 사례가 분꽃의 색깔이지. 순종의 붉은색 분꽃과 순종의 흰색 분꽃을 교배하면 자손은 분홍색 분꽃을 피운단다.

▲ 분꽃의 색깔

 어, 붉은색 물감이랑 흰색 물감을 섞으면 분홍색이 생기는데…… 그거랑 비슷하네요.

 맞아. 이런 현상 때문에 옛날 사람들은 형질을 나타내는 요소가 물감처럼 섞인다고 잘못 알고 있었어.

 물감처럼 섞이는 게 아니라고요? 그럼 왜 그런 거죠?

 분꽃의 색깔이라는 형질은 우성과 열성이 뚜렷하지 않아서 그렇단다.

오호, 우성과 열성이 뚜렷하지 않은 경우도 있군요?

 응. 이렇게 우성과 열성이 뚜렷하지 않으면 잡종 1대에서는 양쪽 형질을 반반씩 닮은 중간 형질이 나타나지.

 우열의 원리가 맞지 않는 거네요?

 그래. 하지만 분홍색 잡종 1대를 자가 수분하여 잡종 2대를 얻으면 붉은색 분꽃과 흰색 분꽃이 다시 나타난단다. 우성과 열성이 뚜렷하지 않아서 우열의 원리는 맞지 않지만, 분리의 법칙은 지켜지고 있는 거야.

◀ **분꽃의 유전** 분리의 법칙에 따라 잡종 2대에서는 잡종 1대에 없던 형질이 나타나.

+
- 장하다의 오답을 피하는 방법
- 나선애의 야무진 실험실
- 왕수재의 아는 척 과학교실
- 허영심의 별 헤는 밤
- 곽두기의 빅뱅 따라잡기

COMMENTS

 '장하다의 분리의 법칙' 발견!

ㄴ 그게 뭔데?

ㄴ 방과 후에 축구를 할지, 아님 게임을 할지 마음이 분리됨!

ㄴ 숙제를 먼저 하는 게 어때?

3교시 | 사람의 유전

보조개는 어떻게 유전되는 걸까?

어, 뺨에 보조개가 있네.

눈에 쌍꺼풀도 있어. 이런 것도 유전되는 건가?

거울을 들여다보던 허영심이 한숨을 내쉬자 나선애가 물었다.

"영심아, 무슨 일 있어?"

"쌍꺼풀이 없는 게 아쉬워서 그래."

"쌍꺼풀? 지금도 예쁜데 왜?"

"아빠, 엄마, 언니 모두 쌍꺼풀이 있는데 나만 없거든. 왜 나만 없지?"

"흠, 그러고 보니 좀 이상하긴 하네. 선생님께 한번 여쭤볼까?"

 **사람의 유전은 어떻게 연구할까?**

그러자 용선생이 아이들에게 다가와 말했다.

"그건 멘델의 유전 원리로 설명할 수 있단다."

"쌍꺼풀이요? 그것도 유전 원리가 통한다고요?"

"그래. 오늘은 사람의 유전에 대해 차근차근 알아보는 게 좋겠구나. 지난 시간에 사람의 유전을 직접 실험하는 건 어렵다고 했지?"

"네, 사람들을 마음대로 결혼시킬 수 없으니까요."

"그래. 또 사람은 한 세대가 길어서 자손을 얻는 데 수십 년이 걸리고, 자손 수도 적지. 그뿐 아니라 사람의 몸에는 형질도 많고, 각각의 형질마다 종류도 많아. 사람의 머리카락 색깔이라는 형질을 생각해 봐."

"머리카락은 다 검은색 아닌가요?"

곽두기의 말에 나선애가 웃으며 말했다.

"외국인 중에는 갈색, 빨간색 머리나 금발인 사람도 있잖아."

▲ 여러 가지 머리카락 색깔

> **용선생의 과학 현미경**
>
> 여자가 만든 난자와 남자가 만든 정자가 만나 수정되면 수정란이 생겨. 이 수정란이 자라 아기가 되지. 이때 하나의 수정란이 우연히 두 개로 나뉘어 두 명의 아기로 자라는 경우가 있는데, 이게 바로 1란성 쌍둥이야.
>
> 난자 두 개가 서로 다른 정자와 수정하여 만든 수정란 두 개가 각각 두 명의 아기로 자란 경우가 2란성 쌍둥이야.

"선애 말이 맞아. 게다가 이런 색깔의 중간색을 띠는 사람도 있으니까 머리카락 색깔이라는 형질은 종류가 많다는 걸 알 수 있겠지? 이런 형질의 순종을 찾는 건 거의 불가능해."

"흠, 정말 그렇겠네요."

"그래서 오랫동안 사람의 유전 연구는 사람에게 어떤 형질이 있는지, 이 형질이 자손에게서 어떻게 나타나는지 관찰하는 정도에 그쳤단다. 그러다 쌍둥이의 형질을 연구하면서 새로운 걸 알게 됐지."

"쌍둥이요?"

"응. 엄마의 배 안에서 한꺼번에 태어난 두 아이를 쌍둥이라고 불러. 쌍둥이 중에는 외모가 거의 똑같은 1란성 쌍둥이도 있고, 외모가 다르거나 아예 성별까지 다른 2란성 쌍둥이도 있단다."

"쌍둥이라고 다 같은 게 아니군요?"

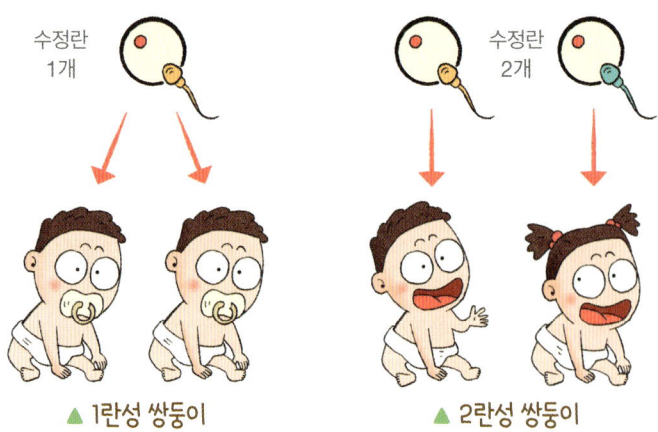

▲ 1란성 쌍둥이   ▲ 2란성 쌍둥이

"그래. 1란성 쌍둥이는 부모로부터 물려받은 유전자가 같아서 외모도 거의 같지. 반면 2란성 쌍둥이는 부모가 같으니까 형제나 자매처럼 서로 닮을 수는 있지만, 1란성 쌍둥이처럼 생김새가 똑같지는 않아."

왕수재가 안경을 치켜올리며 물었다.

"그래서 쌍둥이 연구에서 어떤 걸 알아냈어요?"

"1란성 쌍둥이인데도 생김새가 조금 다르다거나, 자라면서 한 명만 병에 걸리는 경우가 있었어. 1란성 쌍둥이는 유전자가 같으니 형질이 똑같이 나타나야 할 텐데, 실제로는 그렇지 않았던 거지."

"어째서요?"

"예를 들어 비만 유전자를 가지고 있는 1란성 쌍둥이가 따로 떨어져 살게 됐다고 해보자. 만약 한 명이 음식이 부족해 잘 먹지 못하는 환경이라면 뚱뚱하지 않을 수도 있어. 유전자가 있어도 환경 때문에 형질이 나타나지 못한 거야."

"형질이 환경하고도 관련 있군요?"

"그렇지. 근데 1란성 쌍둥이가 서로 다른 환경에서 살아도 둘 다 심장병을 앓는다면, 심장병이라는 형질은 환경과 관계

곽두기의 낱말 사전

비만 살이 쪄서 몸이 뚱뚱한 걸 말해.

▲ **1란성 쌍둥이의 형질 관찰** 사람의 형질은 유전자와 환경의 영향을 받아 나타나.

용선생의 과학 현미경

1960년대 미국에서는 부모를 잃은 1란성 쌍둥이를 일부러 따로 입양시키는 연구를 진행하기도 했어. 2015년에는 1란성 쌍둥이 중 한 명이 우주 비행사로 1년간 우주 공간에 머물고 돌아온 다음, 지구에 남아 있던 쌍둥이 형제와 비교하는 연구도 있었단다.

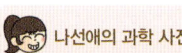

나선애의 과학 사전

천식 목에서 폐로 공기가 들어가는 통로가 매우 좁아져서 심하게 기침을 하고 숨이 차는 증상이 나타나는 병을 말해.

없이 유전자 때문에 나타났을 거야."

"아하, 1란성 쌍둥이를 관찰하면 형질이 나타난 게 주로 유전자 때문인지 환경 때문인지 알 수 있겠네요?"

"그렇지. 하지만 연구를 위해서 1란성 쌍둥이를 일부러 떼어 놓을 순 없어. 게다가 1란성 쌍둥이는 보통 한 가정에서 자라니까 환경이 같지. 그러니 형질이 똑같이 나타나도 환경 때문인지 유전자 때문인지 정확히 알 수 없어."

"엥? 그럼 어떡해요?"

"1란성 쌍둥이와 2란성 쌍둥이를 관찰해서 비교하는 방법이 있지. 쌍둥이가 모두 한 가정에서 자라면 일단 환경은 같아. 하지만 1란성 쌍둥이는 유전자가 같고, 2란성 쌍둥이는 유전자가 조금 다르다고 했지? 그러니까 먼저 여러 쌍의 1란성 쌍둥이와 2란성 쌍둥이를 관찰하여, 어떤 형질이 쌍둥이 둘 모두에게 나타나는지 비교하는 거야."

용선생은 칠판에 그림을 그리며 말을 이었다.

"만약 1란성 쌍둥이 10쌍 중 5쌍이 둘 다 천식이라는 병에 걸렸는데, 2란성 쌍둥이는 10쌍 중 2쌍만 둘 다 천식에 걸렸다고 치자. 유전자가 같은 1란성 쌍둥이가 천식에 더 많이 걸렸지? 그러면 천식에 걸리는 건 환경보다 유전자의 영향이 더 크다고 생각할 수 있지."

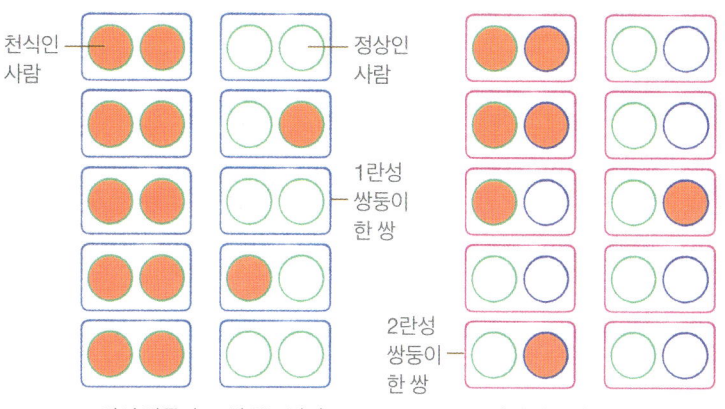

▲ 1란성 쌍둥이와 2란성 쌍둥이의 형질 비교

"오, 그렇게 해서 유전자의 영향이 큰 질병이 뭔지 알아내는 건가요?"

"맞아. 처음엔 이렇게 쌍둥이를 관찰하여 연구했고, 현재는 형질을 나타내는 유전자를 직접 연구하기도 해."

핵심정리

1란성 쌍둥이와 2란성 쌍둥이의 형질을 관찰하여 비교하면, 어떤 형질이 유전자와 환경 중 무엇의 영향을 주로 받는지 알 수 있어.

 가계도를 그려 봐!

곽두기가 입을 쑥 내밀며 말했다.

"쳇, 쌍둥이가 아니면 제 형질이 어떻게 유전되는지 알아낼 방법이 없겠네요."

"하하, 쌍둥이로만 사람의 유전을 연구하는 건 아니야. 한 가족의 유전을 여러 세대에 걸쳐 연구하기도 해."

"그래요? 어떻게요?"

"먼저 사람의 형질 하나를 골라. 이때 머리카락 색깔처럼 종류가 많은 형질 말고 뚜렷한 대립 형질을 고르는 거야."

"사람도 대립 형질이 있어요?"

"응, 뺨에 생기는 보조개를 예로 들 수 있지. 보조개가 있는 경우와 없는 경우가 비교적 뚜렷하거든. 대립 형질을 골랐으면 이 형질이 여러 세대에 걸쳐 어떻게 나타나는지 그림으로 그려 정리해. 이걸 가계도라고 불러."

"가계도는 어떻게 그려요?"

"흠흠, 우리 집 가계도를 보면서 함께 알아보자."

용선생은 화면을 띄웠다.

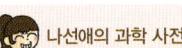

가계도 집 가(家) 이을 계(系) 그림 도(圖). 한 집 안에서 결혼으로 생긴 부부 관계나 부모와 자손 관계를 나타낸 그림이야.

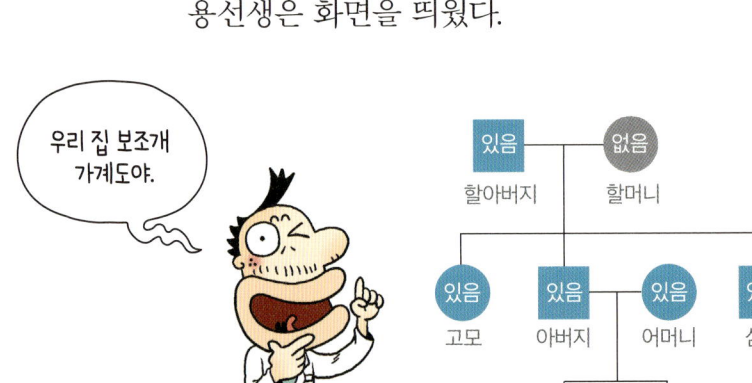

"이게 가계도군요. 지난 시간에 완두 교배 실험을 표시한 그림하고 비슷한데요?"

"잘 봤어. 교배 실험에서처럼 부모를 위에, 자손을 아래에 놓고 선으로 연결해. 그리고 남자는 네모, 여자는 원으로 그려."

"그러면 색깔이 다른 건 뭔가요?"

"대립 형질을 두 가지 색깔로 다르게 칠한 거야. 이 가계도에서 파란색은 보조개가 있는 사람, 회색은 보조개가 없는 사람이란다."

용선생은 손가락을 튕기며 말을 이었다.

"자, 가계도를 잘 이해했는지 문제를 하나 내 볼게. 우리 할머니는 몇 명의 자녀를 낳았지?"

곽두기가 "네 명이요!" 하고 외치자 왕수재가 고개를 가로저었다.

"아냐, 선생님 어머니는 빼고 세야지. 딸 하나, 아들 둘이니까 세 명이요!"

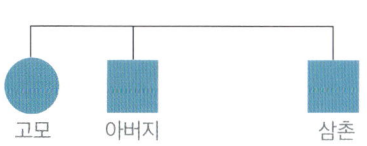

고모 아버지 삼촌

이 정도는 식은 죽 먹기!

"잘 맞혔어! 이제 가계도에 나타난 형질을 살펴보자. 가계도에서 보조개가 없는 사람은 누구지?"

"선생님이랑 할머니요!"

"맞아. 보조개가 없는 형질은 부모님에게는 나타나지 않다가 나한테 나타났어. 지난 시간에 분리의 법칙에 따라 부모에게서 나타나지 않은 열성 형질이 자손에게 나타날 수 있다고 했지?"

"네. 그럼 보조개가 없는 게 열성인가요?"

"그래. 이렇게 가계도를 그려 보면 대립 형질에서 우성과 열성을 알 수 있어. 또 자손에게 형질이 어떻게 나타날지도 예상할 수 있단다."

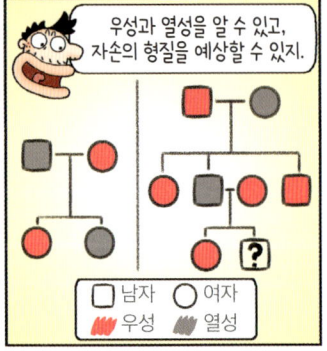

 핵심정리

가계도를 그리면 대립 형질에서 우성과 열성을 알 수 있고, 자손에게 형질이 어떻게 나타날지 예상할 수 있어.

 ## 쌍꺼풀도 멘델의 유전 원리를 따를까?

"아, 보조개는 멘델의 유전 원리로 설명할 수 있네요. 혹

시 쌍꺼풀도 마찬가지인가요?"

허영심이 눈을 크게 뜨며 물었다.

"그래. 사람의 유전 형질 중 멘델의 유전 원리로 설명할 수 있는 형질이 몇 가지 있는데, 쌍꺼풀도 그중 하나야. 쌍꺼풀은 있는 경우와 없는 경우, 두 가지 형질이 뚜렷하지."

"맞아요. 저는 쌍꺼풀이 없고, 부모님은 쌍꺼풀이 있죠."

"이처럼 대립 형질이 뚜렷하고 우성과 열성이 분명한 유전 형질들은 우열의 원리나 분리의 법칙 같은 유전 원리가 비교적 잘 맞아. 아까 살펴본 보조개는 있는 게 우성, 없는 게 열성이야. 이외에 귓불이 얼굴에 붙은 모양도 대립 형질이 뚜렷해. 이걸 보렴."

용선생은 화면을 바꿨다.

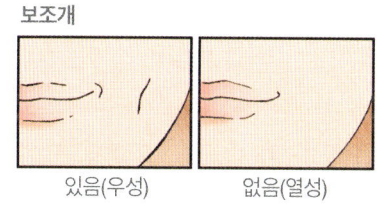

보조개
있음(우성) / 없음(열성)

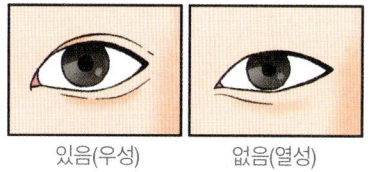 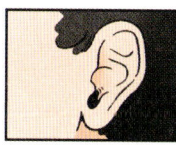 

쌍꺼풀
있음(우성) / 없음(열성)

귓불
분리형(우성) / 부착형(열성)

▲ 멘델의 유전 원리를 따르는 사람의 유전 형질

"오호, 딱 보니까 대립 형질이란 건 확실히 알겠어요. 근데 우성인지 열성인지는 어떻게 알죠?"

"그건 사람들이 오랫동안 수많은 가족을 관찰하고 가계도를 그려 분석하여 알아냈지. 영심아, 너희 가족의 쌍꺼풀 형질을 가계도로 그려 볼 수 있겠니?"

"네, 한번 해볼게요."

허영심은 칠판에 가계도를 그리며 말을 이었다.

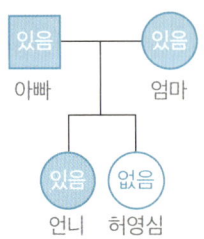

"아빠, 엄마는 쌍꺼풀이 있어요. 언니도요. 하지만 전 쌍꺼풀이 없죠. 그래서 이렇게 그렸어요."

▲ 허영심 가족의 쌍꺼풀 가계도

"잘 그렸어!"

장하다가 칠판을 가리키며 말했다.

"영심이 부모님에게 없던 형질이 영심이한테 나타났으니까 쌍꺼풀이 없는 게 열성 형질이 맞네요."

허영심은 고개를 절레절레 흔들었다.

"하필 나한테 열성 형질이 나타날 게 뭐람."

"하하! 열성 형질은 절대 열등한 게 아니라는 사실, 기억하지? 그럼 다들 거울을 보고 쌍꺼풀, 보조개, 귓불 같은 형질을 확인해 보렴."

"난 보조개가 있는데, 왕수재 넌 보조개가 없네?"

나선애가 거울을 들여다보며 말하자 왕수재가 일어나 용선생에게 물었다.

"선생님, 제가 나중에 커서 보조개 없는 사람이랑 결혼해서 아이를 낳으면, 그 아이도 보조개가 없을까요?"

"응, 유전의 원리에 따르면 그럴 거라고 예상할 수 있어. 그런데 사람의 유전 형질은 보통 여러 유전자와 관련 있고, 환경의 영향을 받기도 해."

"흠, 그래서요?"

"사람의 유전 형질은 멘델의 유전 원리로 설명하지 못하는 경우가 훨씬 많아. 심지어 멘델의 유전 원리를 따르는 형질도 드물게 예외가 있다는 것도 알아두면 좋겠구나!"

"네! 이제 집에 가서 저희 가족의 가계도를 그려 볼래요. 귓불 모양은 어떻게 유전됐는지 궁금해졌거든요."

그러자 다른 아이들도 벌떡 일어나 외쳤다.

"나도! 할머니, 할아버지부터 삼촌까지 다 조사해야겠다! 집으로 출발!"

핵심정리

사람의 유전 형질 중에서 대립 형질이 뚜렷하고, 우성과 열성이 분명한 형질은 멘델의 유전 원리에 따라 나타나.

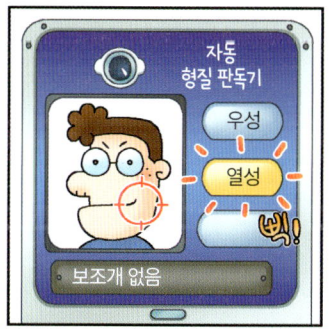

나선애의 정리노트

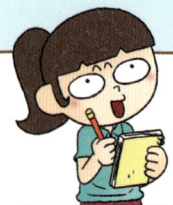

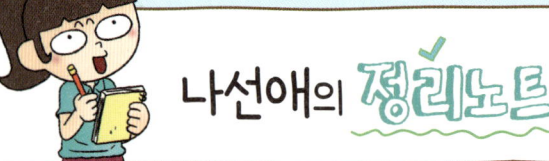

1. 사람의 유전 연구 방법

① 쌍둥이 연구

- 1란성 쌍둥이와 ⓐ ______ 쌍둥이의 형질을 비교 관찰
- 형질이 유전자와 ⓑ ______ 중 어느 영향을 주로 받는지 알아냄.

② 가계도 분석

- ⓒ ______ : 가족 내 여러 세대에서 형질이 어떻게 나타나는지를 그린 그림
- 우성과 열성 관계를 알아내고, 자손의 ⓓ ______ 을 예상할 수 있음.

2. 멘델의 유전 원리를 따르는 사람의 유전 형질

① ⓔ ______ 이 뚜렷한 경우

② 우성과 열성이 분명한 경우

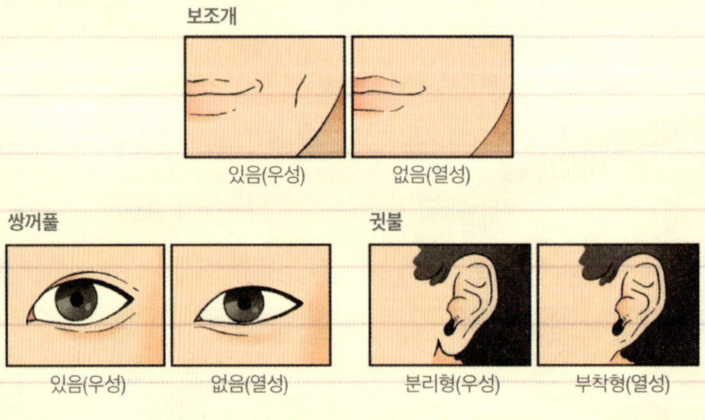

보조개
있음(우성)
없음(열성)
쌍꺼풀
있음(우성)
없음(열성)
귓불
분리형(우성)
부착형(열성)

ⓐ 2란성 ⓑ 환경 ⓒ 가계도 ⓓ 형질 ⓔ 대립 형질

과학퀴즈 달인을 찾아라!

●정답은 115쪽에

01

친구들이 이번 시간에 배운 내용에 대해 이야기하고 있어. 옳으면 O, 옳지 않으면 X를 표시해 줘.

① 사람은 자손의 수가 적어서 유전을 연구하기 어려워. (　)
② 2란성 쌍둥이는 유전자가 같아서 외모가 같아. (　)
③ 부모가 모두 쌍꺼풀이 있어도 쌍꺼풀 없는 자손이 태어날 수 있어. (　)

02

아래 카드는 사람의 유전을 연구할 때 쓰는 방법에 대한 그림이야. 이 그림을 보고 초성의 단어를 맞혀 봐!

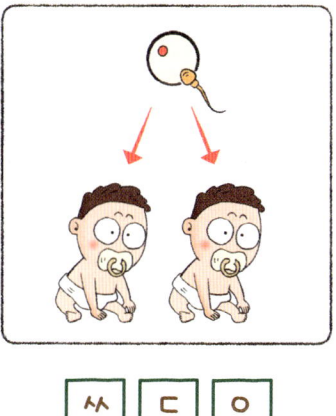

| ㅆ | ㄷ | ㅇ |

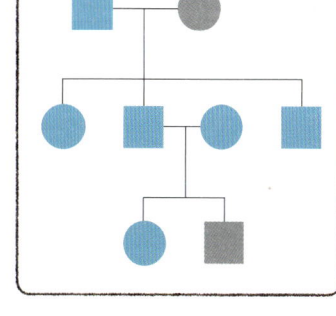

| ㄱ | ㄱ | ㄷ |

https://cafe.naver.com/yongyong

용선생의 과학 카페

과학계의 핵인싸, 용선생의 과학 카페에 오신 걸 환영합니다.

Log in

MENU

물리면 아프다
화학이 화하하
생물 오징어
지구는 둥글다

머리카락 색깔은 어떻게 유전될까?

사람의 머리카락 색깔은 검은색부터 갈색, 금색, 빨간색까지 다양해. 이러한 머리카락 색깔은 어떻게 나타나고 유전되는 걸까? 머리카락 색깔은 머리카락에 있는 '멜라닌'이라는 색소의 양에 따라 달라져. 멜라닌은 두 종류가 있어. 검은색을 띠는 멜라닌과 빨간색을 띠는 멜라닌이야. 검은 멜라닌을 만드는 유전자가 우성이고, 빨간 멜라닌을 만드는 유전자가 열성이지.

그런데 우리 몸속에서는 수많은 유전자가 제각기 물질을 만들고, 이 중 몇몇 물질은 멜라닌 색소가 만들어지는 과정에 영향을 끼쳐. 그래서 사람마다 만들어지는 검은 멜라닌과 빨간 멜라닌의 양이 다르고, 이 양에 따라 머리카락 색깔이 나타나.

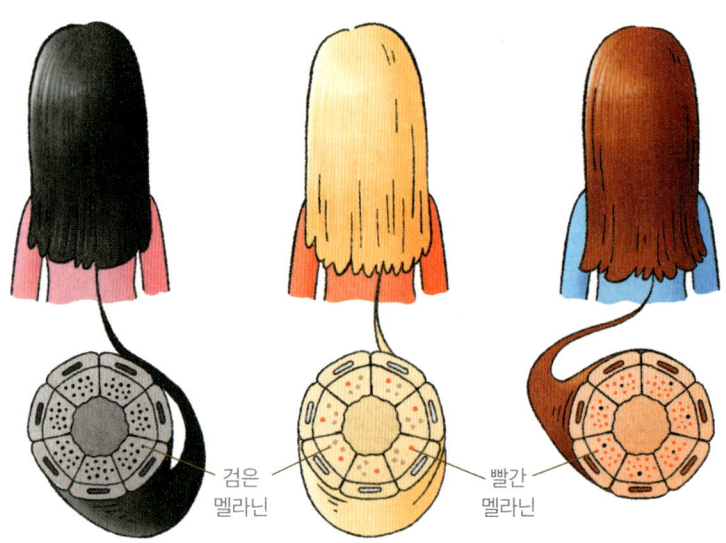

검은색 또는 갈색 머리카락		금색 머리카락		빨간색 머리카락	
검은 멜라닌	많음.	검은 멜라닌	적음.	검은 멜라닌	적음.
빨간 멜라닌	적음.	빨간 멜라닌	적음.	빨간 멜라닌	많음.

▲ 머리카락 색깔은 멜라닌 색소의 양에 따라 나타나.

그러다 사람이 나이가 들면 몸에서 만드는 멜라닌 색소의 양 자체가 줄어들어. 그럼 머리카락은 물감을 칠하지 않은 도화지처럼 흰색에 가깝게 변하지.

하지만 원래 머리카락이 흰색인 사람도 있어. 이런 사람은 머리카락뿐만 아니라 피부, 눈동자 등 색깔이 나타나는 부분이 모두 흰색이지. 이를 백색증 또는 알비노 증후군이라고 불러.

장하다의 오답을 피하는 방법
나선애의 야무진 실험실
왕수재의 아는 척 과학교실
허영심의 별 헤는 밤
곽두기의 빅뱅 따라잡기

▲ 백색증이 나타난 자매

백색증인 사람은 몸에서 멜라닌 색소를 거의 만들지 못해. 멜라닌의 재료가 되는 물질을 만드는 유전자에 이상이 생겨서 그렇지. 이렇게 이상이 생긴 유전자는 열성으로 유전된단다.

COMMENTS

근데 어른들은 염색해서 마음대로 머리 색깔을 바꾸던데?

ㄴ 맞아. 난 이다음에 파란 머리를 해 볼 거야.

ㄴ 그럼 난 무지개색에 도전!

4교시 | 혈액형의 유전

부모님과 혈액형이 다른 까닭은?

으으, 피 뽑는다. 혈액형 검사하나?

난 A형! 엄마, 아빠랑 혈액형이 같아.

곽두기가 심각한 표정으로 무언가 들여다보자, 아이들이 곽두기에게 다가갔다.

"두기야, 오늘 학생 건강 검진하고 온 거 아냐? 왜 표정이 안 좋아?"

"혈액형 검사를 했는데 난 O(오)형이래. 근데 우리 엄마는 A(에이)형이고 아빠는 B(비)형이거든."

"어? 그럼 혈액형이 엄마, 아빠 모두와 다르다는 거네."

"흑, 어째서 부모님과 다른 걸까?"

 혈액형을 왜 나누는 걸까?

덩달아 심각해진 아이들에게 용선생이 다가와 말했다.

"하하, 그건 걱정할 필요 없어. 혈액형도 유전되는데, 부모와 자식의 혈액형이 다를 수도 있단다."

"그래요? 혈액형은 어떻게 유전되는데요?"

용선생은 아이들을 자리에 앉히며 말했다.

"혈액형의 유전을 알아보기 전에 일단 혈액형이 무엇인지부터 정확히 알아보는 게 좋겠다. 너희들 혈액형이 뭐라고 알고 있니?"

왕수재가 손을 들고 말했다.

"혈액형은 혈액을 종류별로 나눈 거 아닌가요?"

"맞아. 그러면 혈액형을 나누는 까닭은 뭘까?"

"그건 모르겠어요. 다 이유가 있어서 나눈 거겠죠?"

"물론이야. 아주 오래전부터 사람들은 혈액을 많이 흘리면 죽는다는 걸 알고 있었어. 그래서 혈액이 부족한 사람에게 다른 사람의 혈액을 넣어 보충하려 했지."

"아, 그게 수혈이죠?"

"응. 그런데 수혈로 목숨을 구한 사람도 있지만, 수혈을 받아도 죽는 사람이 많았어. 혈액을 보충해도 사람이 죽는 이유를 찾다가 혈액에도 종류가 있다는 걸 알게 된 거야."

"피는 다 빨갛던데, 뭐가 다른 거죠?"

"차근차근 살펴보자. 혈액에는 '적혈구'라는 세포

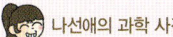

나선애의 과학 사전

수혈 나를 수(輸) 피 혈(血). 혈액이 부족한 사람에게 다른 사람의 혈액을 넣어 보충하는 걸 말해.

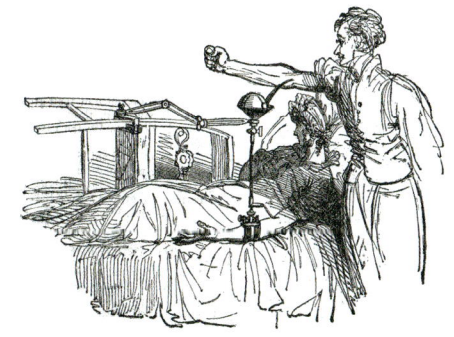

▲ **최초의 사람과 사람 사이 수혈** 1829년 영국의 의사 블런델은 아이를 낳고 혈액이 부족해 목숨이 위험한 여성에게 남편의 혈액을 수혈하여 목숨을 구했어.

가 있어. 적혈구 색깔이 붉어서 혈액도 붉은색을 띠지. 적혈구는 온몸에 산소를 옮겨 주는 일을 해."

"우아, 중요한 일을 하네요!"

"근데 혈액을 연구하는 과정에서 서로 다른 사람의 혈액을 섞었더니, 혈액이 그대로일 때도 있었지만 혈액 속 적혈구가 엉겨 붙을 때도 있었지."

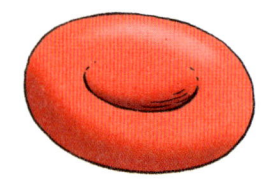

▲ **적혈구** 가운데가 옴폭 파인 접시 모양으로, 길이가 $\frac{1}{100}$mm도 안 돼.

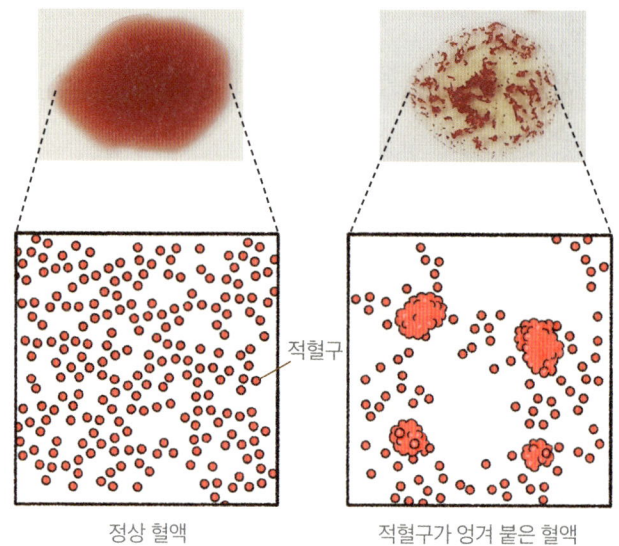

▶ 서로 다른 사람의 혈액을 섞었을 때, 혈액 속 적혈구가 뭉치기도 해.

나선애가 놀란 표정으로 말했다.

"적혈구가 엉겨 붙으면 큰일 나는 거 아니에요?"

"맞아. 적혈구가 엉겨 붙으면 혈액이 몸속에서 잘 흐르지 못해. 수혈 받은 사람이 죽었던 것도 이 현상 때문이야. 사람들은 이 현상을 이용해서 혈액형을 구별하게 됐어."

"정말요? 어떻게요?"

"알고 보니 적혈구가 엉겨 붙는 건 적혈구에 있는 '응집원'이라는 물질 때문이었어. 이 물질의 종류에 따라서 혈액형을 나누고 알파벳 A, B, O를 써서 이름을 붙이는 거야. 이걸 ABO식 혈액형이라고 불러. ABO식 혈액형은 너희도 많이 들어 봐서 익숙할 거야."

"아, A형, B형 같은 것 말씀이시죠?"

용선생은 고개를 끄덕이며 화면을 띄웠다.

"적혈구 겉 부분에 응집원 A가 있으면 A형이고, B가 있으면 B형이야. 또 응집원 A와 B가 둘 다 있으면 AB형이라고 하지."

장하다가 화면을 가리키며 물었다.

 용선생의 과학 현미경

적혈구가 엉겨 붙는 걸 응집한다고 해. 응집은 적혈구에 있는 응집원이 다른 종류의 혈액에 있는 '응집소'라는 물질과 만나서 일어나.

ABO식 혈액형 외에 Rh(알에이치)식 혈액형도 있어. Rh식 혈액형은 Rh+(플러스), Rh-(마이너스) 두 종류로 나뉘지.

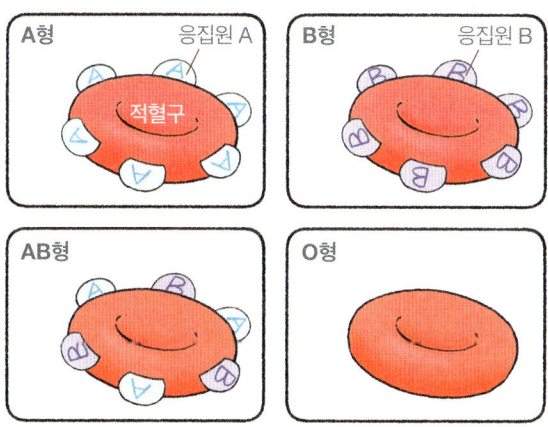

▲ 응집원에 따라 ABO식 혈액형을 구별해.

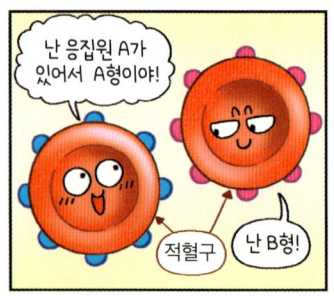
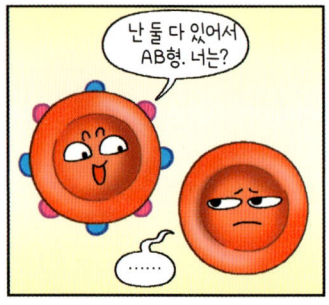
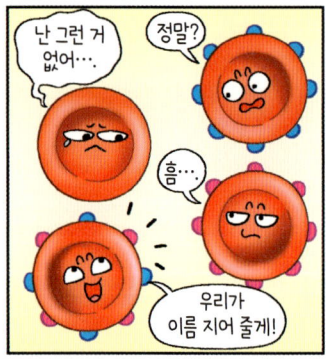
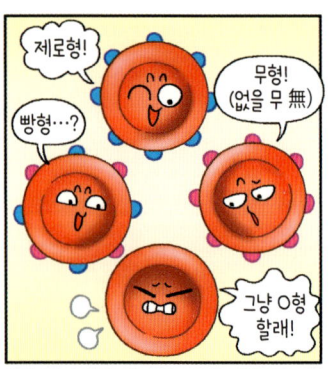

"근데 O형은 아무 것도 없어요?"

"응. O형은 적혈구에 응집원 A, B가 모두 없어. 이 경우 숫자 0과 비슷하게 생긴 알파벳 O를 써서 O형이라고 하지. ABO식 혈액형은 이렇게 구별해."

"그렇군요! 이제 혈액형에 대해서 알았으니까 어떻게 유전되는지도 알려주세요. 정말 궁금해 죽겠어요."

곽두기가 보채듯 말했다.

> **핵심정리**
>
> 서로 다른 혈액끼리 섞을 때 적혈구에 있는 응집원 때문에 적혈구가 엉겨 붙을 수 있어. 응집원에 따라 ABO식 혈액형을 구별해.

 ABO식 혈액형을 나타내는 유전자는?

"좋아. 지난 시간에 배운 완두의 유전에서는 우성과 열성 형질을 나타내는 대립유전자가 두 개 있었던 것 기억나니?"

왕수재가 고개를 끄덕이며 말했다.

"네. R이랑 r로 표시해서 가르쳐 주셨어요."

"잘 기억하고 있네. 그런데 ABO식 혈액형의 유전은 세 개의 대립유전자에 의해 일어나. 첫 번째는 적혈구에 있는 응집원 A를 만드는 유전자 A, 두 번째는 응집원 B를 만드는 유전자 B, 세 번째는 응집원 A나 B를 만들지 않는 유전자 O, 이렇게 세 개란다."

나선애가 노트를 뒤적이며 물었다.

"대립유전자가 세 개라고요? 완두는 대립유전자가 두 개였잖아요. 사람은 완두와 다른가요?"

"하하, 이렇게 생각해 봐. 세 가지 색깔의 구슬이 있는데, 그중 두 개만 가질 수 있는 거야."

세 개 중 두 개만 가지는구나.

"아, 대립유전자 세 개를 한 사람이 다 가진다는 게 아니고요?"

"그래. 대립유전자 세 개는 사람이 가질 수 있는 유전자 후보인 셈이지. 사람은 이 중에서 두 개의 유전자를 가지고, 그걸로 혈액형이 결정돼."

"이제 무슨 말인지 알겠어요."

아이들이 고개를 끄덕이자 용선생은 말을 이었다.

"대립유전자가 세 개일 때에는 대립유전자가 두 개일 때보다 사람이 가질 수 있는 유전자 조합이 더 많아져. 그림으로 함께 볼까?"

> **곽두기의 낱말 사전**
>
> **조합** 짤 조(組) 합할 합(合). 여러 개 가운데 몇 개를 순서에 관계없이 한 쌍으로 뽑아 모은 걸 말해.

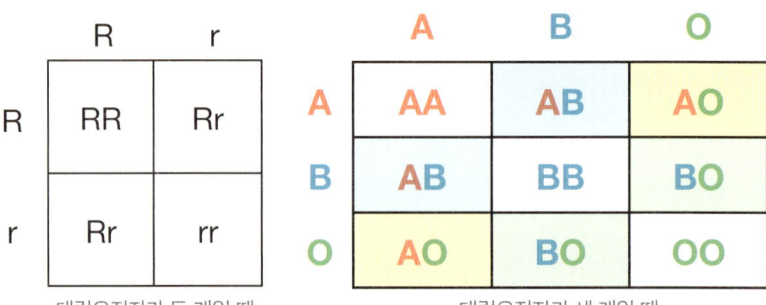

▲ 대립유전자의 조합

왕수재가 화면을 가리키며 말했다.

"AA, AB, AO, BB, BO, OO……. 겹치는 걸 빼도 유전자 조합이 무려 여섯 가지나 있어요. 근데 어째서 혈액형은 A형, B형, AB형, O형 이렇게 네 가지뿐이죠?"

"그건 혈액형의 유전이 멘델의 유전 원리인 우열의 원리를 따르기 때문이지. A, B, O 3개의 대립유전자 사이에도 우성과 열성이 있어. 그래서 유전자 조합은 여섯 가지여도 혈액형은 네 가지만 나타나."

"어떤 게 우성이고 어떤 게 열성이에요?"

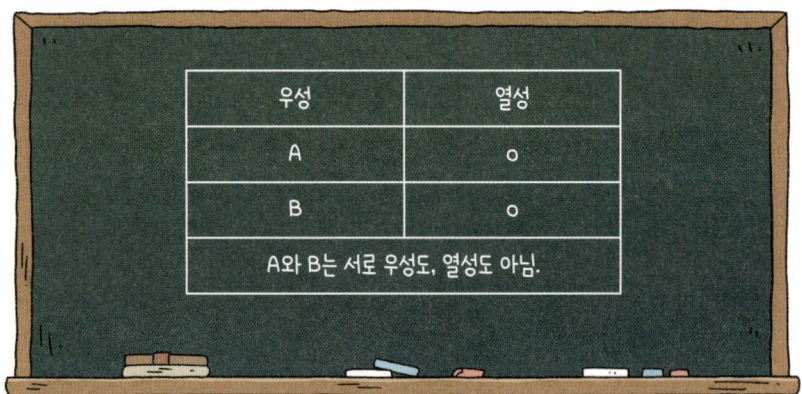

"먼저 유전자 A와 유전자 O의 사이에서 A는 우성, O는 열성이야. 또 유전자 B와 유전자 O의 사이에서도 B가 우성이고 O는 열성이지."

"그럼 유전자 A랑 유전자 B는요?"

"유전자 A와 유전자 B는 서로 우성도, 열성도 아니야. 그래서 둘 다 나타나지."

> **핵심정리**
>
> ABO식 혈액형의 유전은 A, B, O 세 개의 대립유전자에 의해 일어나. A와 B는 O에 대해 각각 우성이고, 서로는 우성도 열성도 아니야.

 ## ABO식 혈액형은 어떻게 유전될까?

용선생은 손뼉을 짝 치며 말했다.

"이제 대립유전자에서 어떤 것이 우성, 열성인지 알았으니까, 각각의 유전자 조합이 어떤 혈액형으로 나타날지 하나씩 따져 보자."

장하다가 재빨리 손을 들고 말했다.

"AA, BB, OO는 쉬워요. 같은 것만 있으니까 각각 A, B,

	A	B	O
A	AA (A)	AB (AB)	AO (A)
B	AB (AB)	BB (B)	BO (B)
O	AO (A)	BO (B)	OO (O)

유전자 조합	혈액형
AA, AO	A형
BB, BO	B형
AB	AB형
OO	O형

▲ 대립유전자의 조합에 따라 ABO식 혈액형이 결정돼.

O형이에요."

"맞아. 그리고 AB는 서로 우성도 열성도 아니니까 그대로 AB형이지."

"그럼 AO와 BO는요?"

"A가 우성이고 O가 열성이니까, AO는 A형이야. BO는 마찬가지로 B형이 되는 거고."

곽두기가 벌떡 일어나 물었다.

"그러면 엄마, 아빠랑 제 혈액형은 어떻게 된 거죠?"

"두기는 O형이니까 유전자는 OO를 가지고 있어. 그럼 부모님으로부터 각각 O 유전자를 물려받아야 하지. 따라서 두기 부모님은 A형과 B형이지만 O 유전자를 가지고 있어. 각각 AO, BO의 유전자 조합인 거지."

나선애가 고개를 끄덕이며 말했다.

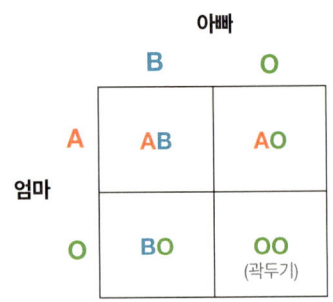

"두기가 O형이라서 거꾸로 두기 부모님의 유전자 조합을 알게 된 거네요."

"그래. ABO식 혈액형은 이렇게 대립유전자가 세 개이지만 우열의 원리나 분리의 법칙 같은 멘델의 유전 원리를 잘 따르고 있단다. 어때, 유전에 대해서 배우는 게 참 쓸모가 많지?"

"헤헤, 제가 괜한 걱정을 했나 봐요."

곽두기가 환하게 웃으며 말하자 허영심이 끼어들었다.

"O형인 사람은 호기심이 많대. 그래서 네가 엉뚱한 호기심을 가졌나 봐."

"정말? 내가 원래 호기심이 많긴 한데……."

"하하! 적혈구에 있는 응집원으로 혈액형을 구별할 뿐, 혈액형이 다르다고 해서 사람마다 성격의 차이가 있는 건 아냐. 혈액형과 성격은 아무런 관계가 없다는 사실, 꼭 기억하렴!"

핵심정리

ABO식 혈액형은 여섯 가지 유전자 조합으로 네 가지 혈액형이 나타나.
ABO식 혈액형의 유전은 멘델의 유전 원리를 따른단다.

나선애의 정리노트

1. 혈액형을 나누는 까닭
   ① 서로 다른 사람의 혈액을 섞을 때 혈액 속 ⓐ[　　　]가 엉겨 붙는 경우가 있기 때문임.

2. ⓑ[　　]식 혈액형
   ① 혈액형의 분류: 적혈구에 있는 ⓒ[　　　]에 따라 A, B, AB, O형의 네 가지로 나뉨.
   ② 혈액형의 유전
   · A, B, O 세 개의 대립유전자에 의해 일어남.
   · A와 B는 각각 O에 대해서 ⓓ[　　]임. A와 B는 서로 우성도 열성도 아님.
   · 멘델의 유전 원리를 따름.

	A	B	O
A	AA (A)	AB (AB)	AO (A)
B	AB (AB)	BB (B)	BO (B)
O	AO (A)	BO (B)	OO (O)

ⓐ 적혈구 ⓑ ABO ⓒ 응집원 ⓓ 우성

 **과학퀴즈 달인을 찾아라!**

●정답은 115쪽에

01

친구들이 이번 시간에 배운 내용에 대해 이야기하고 있어. 옳으면 O, 옳지 않으면 X를 표시해 줘.

① O형은 적혈구에 응집원 A, B가 모두 없어. (   )
② BB의 유전자 조합을 가지면 혈액형은 B형으로 나타나. (   )
③ ABO식 혈액형의 유전은 멘델의 유전 원리를 따르지 않아. (   )

02

다음 보기 의 문장 속 괄호에 들어갈 말을 순서대로 이으면 어떤 모양이 나온대. 정답을 찾아서 어떤 모양이 나오는지 그려 봐.

> **보기**
> ABO식 혈액형의 유전에서
> 대립유전자 A는 O에 대해서 (   )이고,
> O는 B에 대해서 (   )이야.
> AO의 유전자 조합은 (   )형을 나타내고,
> BO의 유전자 조합은 (   )형을 나타내.

출발/도착

우성   B

열성   A

| 용선생의 과학 카페 | 용선생의 한국사 카페 | 용선생의 세계사 카페 |

https://cafe.naver.com/yongyong

용선생의 과학 카페

과학계의 핵인싸,
용선생의 과학 카페에
오신 걸 환영합니다.

[Log in]

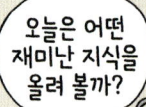

MENU
- 물리면 아프다
- 화학이 화하하
- 생물 오징어
- 지구는 둥글다

동물의 혈액형은 어떻게 나뉠까?

혈액은 사람뿐 아니라 동물에게도 있어. 동물도 혈액형이 있고, 필요하면 수혈을 받기도 한단다. 그럼 여러 동물의 혈액형에 대해 좀 더 알아볼까?

개는 혈액형이 20가지가 넘고, 한 마리가 여러 개의 혈액형을 가질 수 있어. 개의 혈액형은 DEA(디이에이)라는 글자에 숫자를 붙여서 나타내. 주요 혈액형으로 DEA-1.1, DEA-1.2, DEA-3, DEA-4, DEA-5, DEA-7이 있어. 개는 혈액형과 관계없이 처음 한 번은 아무 혈액이나 수혈받을 수 있지만, 두 번째부터는 반드시 같은 혈액형끼리 수혈해야 혈액이 엉겨 붙지 않아.

고양이는 적혈구에 A, B 두 개의 응집원이 있어. 하지만 사람과 달리 A형, B형, AB형 세 가지 혈액형만 나타나. 또 대립유전자 A와 B가 모두 우성인 사람과 달리 고양이는 A가 우성이야. 고양이 10마리 중 9마리는 A형이란다. 고양이는 반드시 같은 혈액형끼리 수혈해야 해.

- 장하다의 오답을 피하는 방법
- 나선애의 야무진 실험실
- 왕수재의 아는 척 과학교실
- 허영심의 별 헤는 밤
- 곽두기의 빅뱅 따라잡기

원숭이, 침팬지 등 사람과 닮은 동물들은 혈액형도 사람과 비슷하게 구별돼. 먼저 원숭이는 사람과 똑같이 A형, B형, AB형, O형 네 가지로 나뉘지. 오랑우탄은 조금 달라서 A형, B형, AB형 세 가지만 있어. 침팬지는 A형, O형 두 가지가 있는데 대부분은 A형이야. 특이하게도 고릴라는 B형 단 하나만 있다는 사실!

고릴라처럼 단 하나의 혈액형만 있는 동물이 또 있어. 바로 물속에 사는 물고기야. 물고기도 몸속에 혈액이 흐르고 적혈구가 있지. 물고기는 수많은 종류가 있지만, 이들은 모두 A형으로 혈액형이 똑같단다.

COMMENTS

 어쩐지 고릴라가 친근하게 느껴지더라…….
┗ 그게 무슨 소리야?
┗ 나도 고릴라처럼 B형이거든.
┗ 혈액형이랑 친근한 거랑 무슨 상관이야!

5교시 | 반성 유전

왜 남자가 여자보다 색맹이 더 많을까?

아이들은 교탁에 놓인 종이를 유심히 들여다보았다.

"이 알록달록한 점들은 뭐지?"

"흠, 15라고 쓰여 있는 것 같은데?"

"이건 색깔을 구별할 수 있는지 검사하는 거야. 전에 안과에서 검사한 적 있어."

"색깔을 구별하지 못하는 사람이 있단 말이야?"

"그렇다던데? 그것도 유전된다고 들었어."

"정말? 어떻게 유전되는데?"

 ## 남자와 여자는 어떻게 결정될까?

과학실로 들어온 용선생이 다가와 말했다.

"오호, 색맹 검사지를 보고 있구나."

"색맹? 그게 뭔데요?"

"색맹은 눈에 이상이 있어서 색깔을 구별하지 못하는 형질을 말해. 색맹인 사람이 이 검사지를 보면 색깔이 구별되지 않아 숫자는 보이지 않고, 비슷한 색의 점만 가득한 걸로 보이지."

허영심이 고개를 끄덕이며 말했다.

"그런 형질도 있군요. 이것도 유전된다면서요?"

"그렇단다. 색맹은 지금까지 배운 형질과는 조금 다르게 유전이 일어나서, 색맹인 남자가 색맹인 여자보다 열 배 이상 많아. 그러니까 남자인지 여자인지에 따라 색맹이 다르게 나타난다는 거야."

"엥, 어째서요?"

"그 까닭을 알려면 먼저 성별이 어떻게 정해지는지부터 알아야 해."

"그것도 유전으로 정해지는 거겠죠?"

"하하, 맞아. 정확히 말하자면 부모에게 물려받은 염색체가 성별을 결정하지. 지난 시간에 사람의 염색체는 46개가 있다고 한 것 기억나니?"

"흠, 기억이 날락 말락 해요. 엄마랑 아빠에게서 반반씩

용선생의 과학 현미경

색맹에도 여러 종류가 있어. 주로 빨간색과 초록색을 구별 못하는 색맹이 있고, 파란색과 노란색을 구별 못하는 색맹도 있지. 특히 빨간색과 초록색을 구별 못하는 색맹의 경우 남자가 여자보다 훨씬 많아. 빨간색과 초록색을 구별 못하는 색맹인 사람에게는 무지개색이 아래 사진처럼 보여.

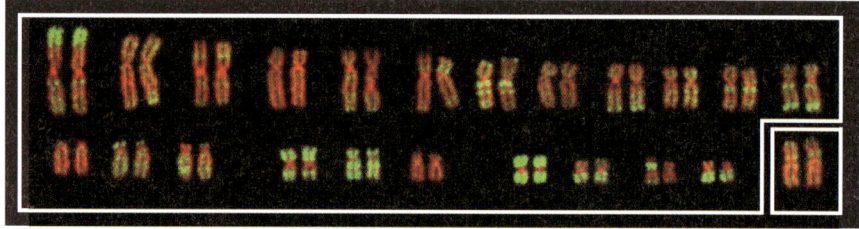

▶ **사람의 염색체** 44개의 상염색체는 남녀가 공통으로 가지고, 2개의 성염색체는 남녀가 다르게 가져.

상염색체 성염색체

 용선생의 과학 현미경

성염색체에서 '성'은 성별 성(性)이라는 한자를 써. 이와 달리 상염색체에서 '상'은 보통 상(常)이라는 한자를 쓰지.

물려받았던 것 같은데……."

"후후, 맞아. 엄마에게서 23개, 아빠에게서 23개를 물려받아 총 46개이지. 사람의 46개 염색체 중에서 44개는 여자와 남자가 공통으로 가지고 있어. 이걸 '상염색체'라고 불러. 나머지 두 개 염색체는 여자와 남자가 다르게 가지고 있는데, 이걸 성염색체라고 해."

"성염색체를 다르게 갖고 있다고요?"

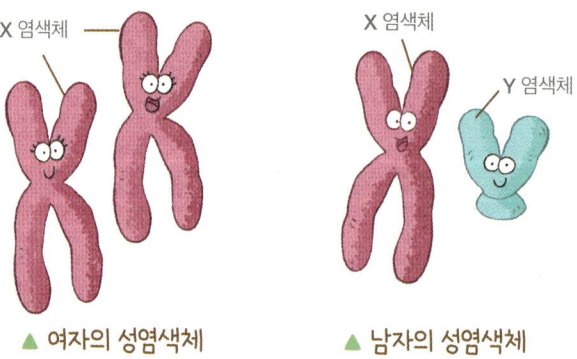

▲ 여자의 성염색체   ▲ 남자의 성염색체

"그렇단다. 성염색체에는 두 가지 종류가 있어. 바로 X(엑스) 염색체와 Y(와이) 염색체야. X 염색체를 두 개 가지면 여자가 되고, X 염색체와 Y 염색체를 하나씩 가지면 남자가 되지."

"오호, 성염색체로 성별이 결정되는 거였군요!"

"그래. 여자의 성염색체는 XX, 남자의 성염색체는 XY로 표시해."

나선애가 손을 들고 물었다.

"성염색체 두 개도 하나는 엄마, 하나는 아빠한테서 물려받은 건가요?"

"그렇단다. 그림을 함께 볼까?"

용선생은 화면을 띄웠다.

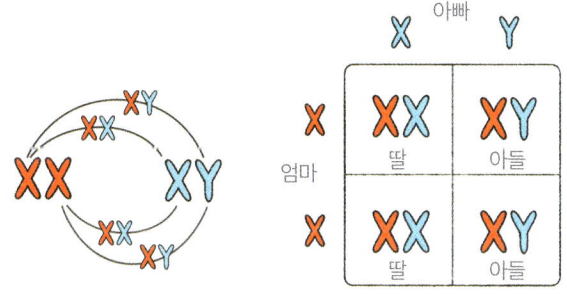

▲ 부모로부터 물려받은 성염색체로 성별이 결정돼.

"성염색체는 엄마한테 하나, 아빠한테 하나씩 물려받아서 두 개를 갖게 돼. 근데 엄마는 X 염색체만 두 개 있으니까 항상 X 염색체만 물려줄 수 있지."

"아빠는 X 염색체와 Y 염색체가 다 있으니까 둘 중 어느 하나를 물려주겠네요?"

"맞아. 아빠의 X 염색체를 물려받으면 딸이 되고, 아빠의 Y 염색체를 물려받으면 아들이 되는 거야."

"근데 성염색체가 색맹하고 무슨 상관이죠?"

핵심정리
사람의 성별은 성염색체 X와 Y에 의해 결정돼. 여자는 XX, 남자는 XY로 성염색체를 표시해.

 남자가 색맹이 더 많은 까닭은?

"색맹은 성염색체에 있는 유전자에 이상이 생겨서 나타나거든."

"오, 그래요?"

"성염색체에 있는 유전자에 이상이 생기면 어떻게 되는지 차근차근 생각해 보자. 먼저 Y 염색체에 있는 유전자에 이상이 있는 경우, 남자는 그 형질이 정상적으로 나타나지 못하겠지. 그러면 여자한테는 어떻게 나타날까?"

장하다가 잽싸게 일어나 대답했다.

"여자는 Y 염색체가 없으니까 상관없겠죠."

용선생의 과학 현미경
Y 염색체에는 남자가 생식을 위해 만드는 정자와 관련된 유전자가 있어. Y 염색체에 이상이 생기면, 정자를 제대로 만들지 못해.

"맞아! 하지만 X 염색체에 있는 유전자에 이상이 있으면 얘기가 달라. 색맹을 예로 들어 설명해 볼게. 색맹을 일으키는 유전자는 X 염색체에 있어. 정상 유전자가 우성이고, 색맹 유전자가 열성이지."

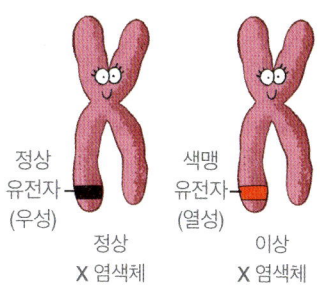

"어? 색맹의 유전도 우열의 원리를 따르네요?"

"여자의 경우는 그렇단다. 여자는 X 염색체 두 개 중 하나에 색맹 유전자가 있어도, 색맹 유전자가 열성이라 색맹이 나타나지 않아. X 염색체 두 개 모두에 색맹 유전자가 있을 때에만 색맹이 되지. 한편, 남자의 색맹은 여자처럼 우열의 원리를 적용할 수 없어."

	여자			남자	
유전자 조합	XX	XX	XX	XY	XY
형질	정상	정상	색맹	정상	색맹

허영심이 손을 들고 말했다.

"남자는 X 염색체가 하나뿐이어서요?"

"그렇지! 남자는 엄마에게 물려받은 한 개의 X 염색체만 가지고 있어. 만약 엄마로부터 색맹 유전자가 있는 X 염색체를 물려받으면 무조건 색맹이 되지. 그래서 여자보다 남자에게 색맹이 나타날 가능성이 훨씬 커."

 용선생의 과학 현미경

우리나라 남자의 경우 1,000명 중 59명 정도가 색맹이지만, 여자의 경우 1,000명 중 4명 정도만 색맹이야.

"아하, 그래서 남자가 여자보다 색맹이 훨씬 많이 나타나는 거군요?"

"그래. 이렇게 유전자가 성염색체에 있어서 남녀에 따라 형질이 나타나는 정도가 달라지는 유전 현상을 반성 유전이라고 해. 반성 유전도 가계도로 나타낼 수 있어."

"오, 반성 유전은 가계도를 어떻게 그리나요?"

"다른 가계도와 비슷한데, X 염색체로 유전자를 표시하는 것만 달라. 이걸 보렴."

용선생은 화면을 띄우며 말을 이었다.

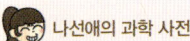
나선애의 과학 사전

반성 유전 따를 반(伴) 성별 성(性) 유전. 성별에 따라 형질이 다르게 나타나는 유전 현상을 말해.

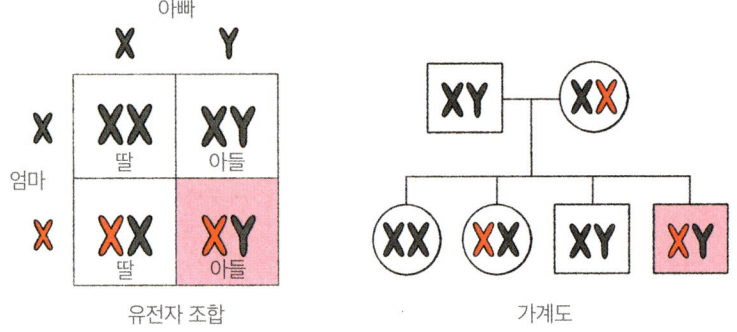

▲ 아들이 색맹인 가족의 유전자 조합과 가계도

"이건 아빠와 엄마는 색맹이 아닌데, 아들이 색맹인 가족의 가계도야. 붉은색 X는 색맹 유전자가 있는 X 염색체이고."

"아들이 색맹이라면 엄마에게서 물려받은 X 염색체 때

문이겠네요?"

"그렇단다. 엄마는 X 염색체 두 개 중 하나에만 색맹 유전자가 있어서 본인은 색맹이 아니지. 하지만 색맹 유전자가 있는 X 염색체를 아들에게 물려준 거야."

아이들이 고개를 끄덕이자 용선생이 손가락을 딱 부딪치며 말했다.

"자, 여기서 퀴즈. 색맹이 아닌 아빠와 색맹인 엄마 사이에서 태어난 아들은 색맹일까, 아닐까?"

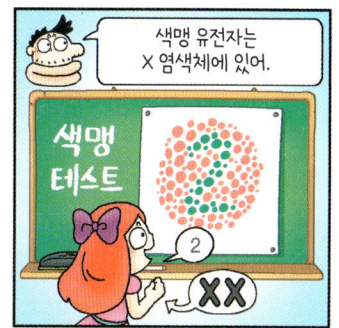

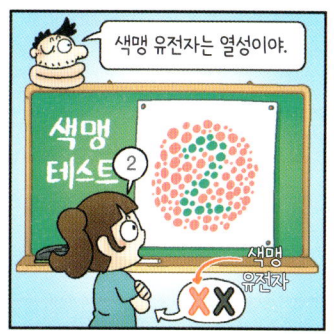

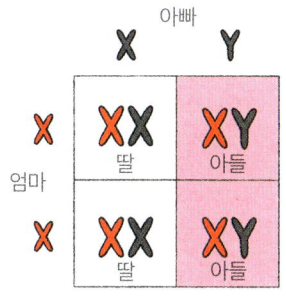

◀ 엄마가 색맹인 경우 자식의 유전자 조합

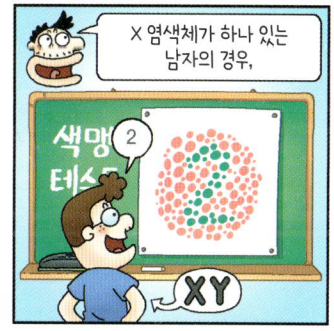

노트를 살펴보던 나선애가 손을 들고 말했다.

"엄마가 색맹이면 X 염색체 두 개 모두에 열성 유전자가 있어요. 그럼 아들은 무조건 색맹 유전자를 물려받을 테니, 색맹이겠죠."

"정답이야! 반성 유전에 대해서 잘 파악했는걸?"

유전자가 성염색체에 있어서 남녀에 따라 형질이 나타나는 정도가 달라지는 유전 현상을 반성 유전이라고 해. 색맹은 반성 유전을 해.

 ## 반성 유전을 하는 또 다른 형질은?

곽두기가 조용히 물었다.

"색맹이 불편하긴 해도 심각한 병은 아닌 거죠?"

"응. 하지만 반성 유전을 하는 형질 중에는 생명을 위협할 정도로 심각한 질병도 있어."

"어떤 병인데요?"

"바로 혈우병이야. 혈액 속에는 상처가 났을 때 혈액을 굳게 만드는 물질이 있어. 이 물질은 혈액이 혈관 밖으로 빠져나가지 못하게 막아. 하지만 혈우병 환자는 유전자에 이상이 있어서 이 물질을 잘 만들지 못해."

"그럼 어떻게 되는데요?"

"너희들은 넘어져서 무릎에 피가 나도 시간이 조금 지나면 저절로 멈추지? 혈우병 환자는 혈액이 굳지 않아서 잘 멈추지 않아. 이렇게 혈액을 굳게 만드는 물질이 부족하여 혈액이 잘 멈추지 않는 병이 혈우병이지."

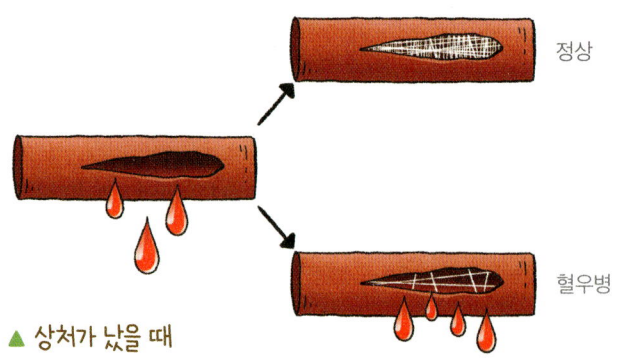

▲ 상처가 났을 때

"헉! 정말 심각한 병이네요!"

"혈우병을 일으키는 유전자도 X 염색체에 있어. 정상 유전자가 우성이고, 혈우병을 일으키는 유전자가 열성이지."

"오호, 유전자가 X 염색체에 있는 거랑 열성인 게 색맹과 같네요. 그럼 혈우병도 색맹처럼 여자보다 남자에서 더 많이 나타나나요?"

"맞아! 일단 남자는 혈우병 유전자가 있는 X 염색체를 엄마로부터 물려받으면 무조건 혈우병이라는 건 쉽게 이해할 거야. 또, X 염색체 하나에만 혈우병 유전자가 있는 여자는 혈우병이 아니라는 것도."

아이들이 고개를 끄덕이자 용선생이 말을 이었다.

"근데 X 염색체 두 개 모두에 혈우병 유전자가 있는 여자, 다시 말해 여자 혈우병 환자는 거의 없어."

"어째서요?"

"혈우병 유전자가 두 개 있는 경우, 대부분 엄마 뱃속에서 자라다 죽거든."

X는 우성인 정상 유전자, X는 열성인 혈우병 유전자야.

	여자			남자	
유전자 조합	XX	XX	XX	XY	XY
형질	정상	정상	혈우병 (못 태어남.)	정상	혈우병

용선생의 과학 현미경

1960년대까지만 해도 혈우병에 대한 치료법이 없어서 혈우병 환자의 평균 수명은 약 25세에 불과했어. 이후 혈액을 굳게 만드는 물질을 보충하는 치료법이 개발되어 혈우병 환자의 평균 수명이 훨씬 늘어났단다.

"헉! 그럴 수도 있어요? 그건 전혀 몰랐어요."

허영심이 안타까워 하며 말하자 용선생은 고개를 끄덕였다.

"그래서 혈우병 환자는 남자가 대부분이고, 여자는 거의 없다고 한 거야. 실제로 아주 유명한 가족의 혈우병 가계도를 함께 보자."

"유명하다고요? 어떤 가족인데요?"

"바로 영국 왕실 가족이야."

용선생이 화면을 바꾸자, 장하다가 외쳤다.

"으악, 너무 복잡해 보여요!"

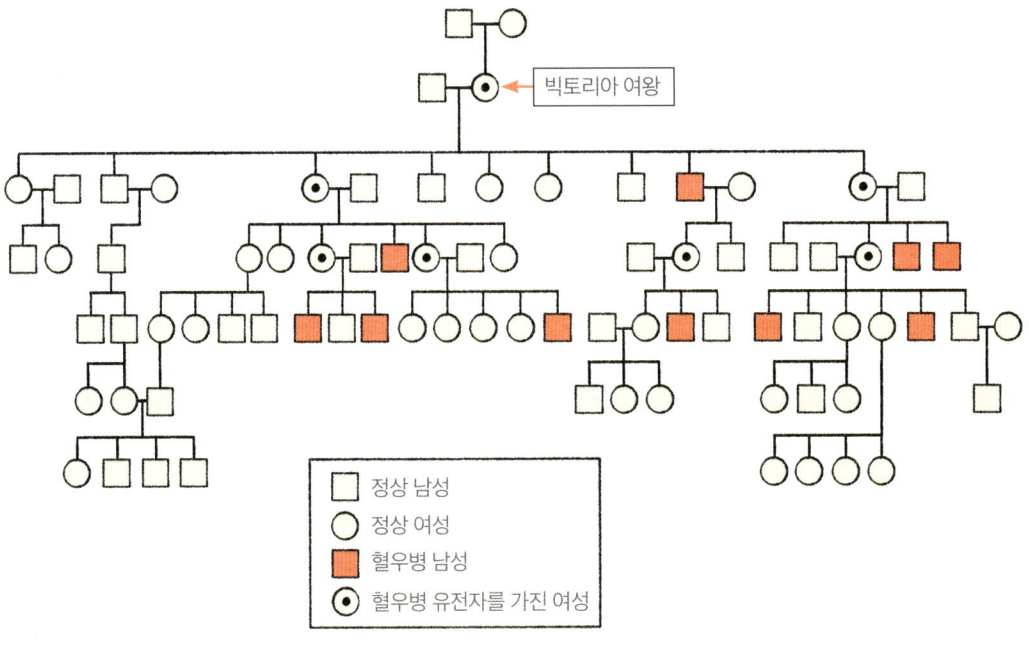

▲ 영국 빅토리아 여왕과 그 후손의 혈우병 가계도

"이건 1800년대 영국을 다스린 빅토리아 여왕과 그 후손의 혈우병 가계도야. 빅토리아 여왕은 혈우병 환자가 아닌데 아들 중 한 명이 혈우병 환자였어. 이 가계도에는 여러 세대의 자손까지 모두 표시되어서 복잡해 보이지만, 너희는 딱 두 가지만 보면 돼."

"어떤 건데요?"

"먼저 가계도에 나타난 혈우병 환자의 성별을 봐. 혈우병인 사람은 붉은색으로 표시했어."

"우아! 모두 남자예요! 우리가 배운 그대로네요."

"그렇지? 다음으로 혈우병 남자의 엄마를 봐. 이들은 모두 정상이지만, 혈우병 유전자가 있는 X 염색체를 하나 가졌어. 이렇게 혈우병 유전자가 있지만 정상인 여자는 점을 찍어서 표시했어."

"오호, 그러고 보니 혈우병 남자의 엄마는 모두 점이 찍혀 있어요."

"그러게. 가계도가 유전 연구에 참 쓸모 있네요!"

"하하, 그렇다니까! 그럼 오늘 수업은 여기까지!"

핵심정리

혈우병도 반성 유전을 해. 혈우병을 일으키는 유전자는 X 염색체에 있고, 정상 유전자가 우성, 혈우병 유전자가 열성이야.

나선애의 정리노트

1. 남녀 성별의 결정
① 상염색체와 성염색체
- 상염색체: 여자와 남자가 공통으로 가지고 있는 염색체
- 성염색체: 여자와 남자가 다르게 가지고 있는 염색체

② ⓐ [_____]에 의해 성별이 결정됨.
- 여자: X 염색체 ⓑ [__]개
- 남자: X 염색체 1개, ⓒ [__] 염색체 1개

2. ⓓ [_____]
① 유전자가 성염색체에 있어서 남녀에 따라 형질이 나타나는 정도가 달라지는 유전 현상
② 유전자가 X 염색체에 있고 열성인 경우, 여자보다 남자에 많이 나타남.

	여자			남자	
유전자 조합	XX	XX	XX	XY	XY
형질	정상	정상	색맹	정상	색맹

예 ⓔ [_____], 혈우병

ⓐ 성염색체 ⓑ 2 ⓒ Y ⓓ 반성 유전 ⓔ 색맹

 과학퀴즈 달인을 찾아라!

●정답은 115쪽에

01

친구들이 이번 시간에 배운 내용에 대해 이야기하고 있어. 옳으면 O, 옳지 않으면 X를 표시해 줘.

① 남자는 여자보다 색맹이 훨씬 많아. (   )

② X 염색체 2개 중 1개에 색맹 유전자가 있는 여자는 색맹이야. (   )

③ 여자 혈우병 환자는 거의 없어. (   )

02

곽두기가 미로를 통과하려고 해. 힌트를 잘 보고, 색맹이 아닌 정상 형질을 나타내는 유전자 조합을 따라가면 올바른 길이 나올 거야. 곽두기가 미로를 잘 빠져나올 수 있게 도와줘.

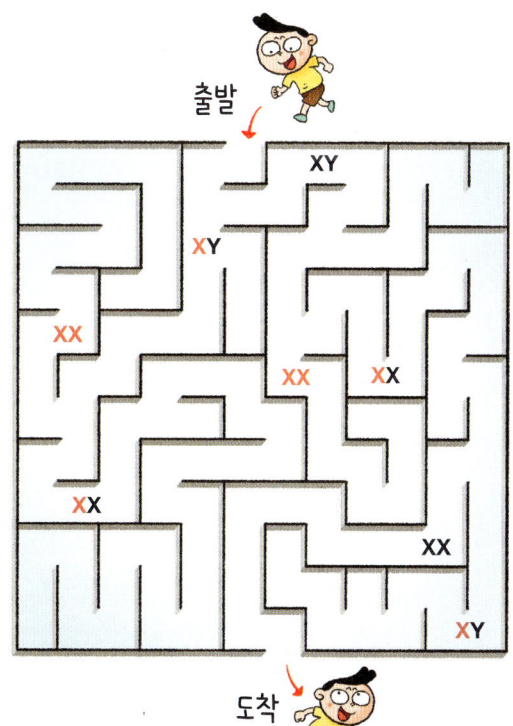

힌트
X: 정상 유전자
X: 색맹 유전자

6교시 | 유전 공학

DNA로 어떻게 범인을 알아낼까?

무슨 실험일까?

뭔가 중요한 실험을 하는 것 같아.

"어제 뉴스 봤어? 끔찍한 살인 사건의 범인이 누구인지 30년 만에 밝혀졌대."

허영심이 호들갑스럽게 말하자 왕수재가 고개를 끄덕였다.

"어, 봤어. DNA 검사로 범인을 잡았다고 하더라고."

"DNA 검사? 그걸로 어떻게 범인을 알아냈대?"

DNA 검사로 범인을 찾아라!

용선생이 아이들에게 다가와 말했다.

"오호, 재미있는 수업 주제구나. 이번 시간에 함께 알아볼까?"

"좋아요!"

"지난번에 DNA에 대해서 배운 것 기억나니? 우리 몸을 이루는 세포 속 핵에 염색체가 들어 있는데, 염색체는 DNA가 꼬이고 뭉친 거라고 했지."

"네, 기억나요. DNA에 유전 정보가 있다고 하셨죠."

"그런데 사람마다 DNA에 있는 유전 정보가 조금씩 달라. 그래서 DNA를 검사하면 범인을 알아낼 수 있지. DNA를 검사하려면 일단 범죄 현장에서 범인의 DNA를 얻어야 해."

"범인의 DNA를 어떻게 얻어요?"

"범인이 남긴 혈액이나 털, 침에 있는 세포에서 DNA를 얻어. 심지어 소변이나 대변에도 세포가 섞여 있어서, 그 세포에서 DNA를 얻을 수 있단다."

곽두기가 고개를 갸웃거리며 물었다.

"DNA에 이름이 쓰여 있는 것도 아니잖아요. 무얼 보고 범인의 DNA인지 알아내죠?"

 용선생의 과학 현미경

혈액에는 혈액을 이루는 혈구 세포가 있고, 몸에 있는 털의 뿌리에도 세포가 있어. 침에는 입 안쪽 부분의 세포, 소변에는 오줌이 나오는 통로의 세포, 대변에는 큰창자 세포가 섞여 있어서 이런 세포로부터 DNA를 얻을 수 있어.

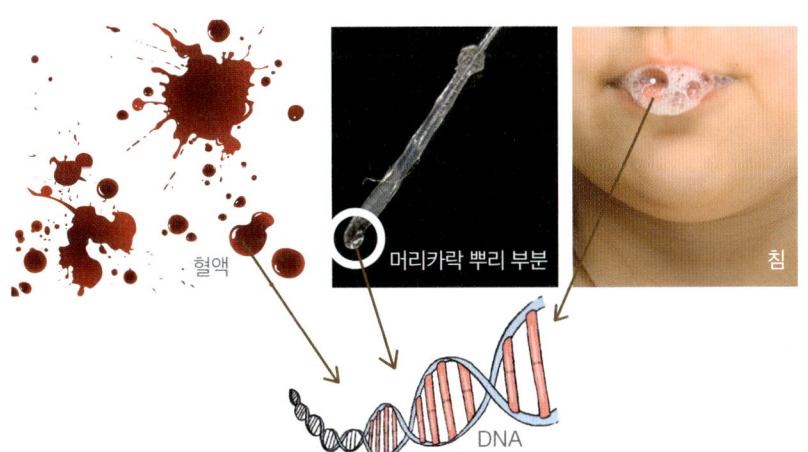

◀ 혈액, 머리카락, 침에 있는 세포에서 DNA를 얻을 수 있어.

"DNA 유전 정보는 세상 모든 사람이 대부분 같지만, 사람마다 $\frac{1}{1,000}$ 정도가 달라. 이렇게 사람마다 다른 부분을 비교하는 거야."

"그걸 어떻게 비교해요?"

"사람의 DNA는 아주 길어. 긴 DNA를 특수한 물질을 사용하여 자르면 여러 조각으로 나뉘지. 이때 사람마다 잘린 DNA 조각들의 개수나 길이가 다르단다. 이 조각들을 'DNA 지문'이라고 불러."

"지문이요? 그건 손가락에 있는 거잖아요?"

"그래. 사람마다 손가락에 있는 지문이 다른 것처럼, DNA를 잘랐을 때 조각들도 달라서 DNA 지문이라고 하지."

용선생은 화면에 그림을 띄웠다.

> 용선생의 과학 현미경
>
> 사람의 세포 속 핵 하나에 있는 DNA 길이는 2m(미터)나 된단다.

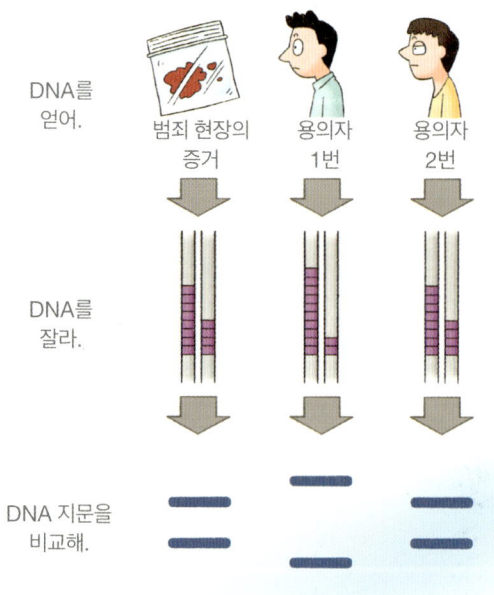

▶ DNA 지문을 이용하여 범인을 찾을 수 있어.

"자. 범죄 현장에서 얻은 DNA 지문과 범인으로 의심되는 용의자 두 명의 DNA 지문을 비교해 보자. 용의자 두 명 중에서 누가 범인일 것 같아?"

왕수재가 재빨리 손을 들고 말했다.

"용의자 2번이요! 범죄 현장에서 얻은 DNA 지문과 용의자 2번의 DNA 지문이 똑같아 보여요."

"맞아! 이렇게 DNA 지문을 비교하여 범인을 찾을 수 있어. DNA 지문을 이용하면 부모와 자식 사이가 맞는지도 확인할 수 있단다."

"오호, DNA 지문으로 범인도 찾고, 부모와 자식도 확인할 수 있군요."

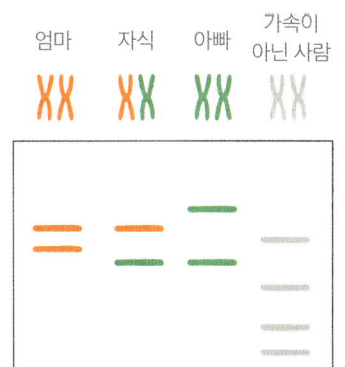

◀ **부모와 자식의 DNA 지문 비교**
자식은 부모로부터 염색체 절반씩을 물려받기 때문에 DNA 지문도 엄마의 절반, 아빠의 절반씩과 같아.

DNA를 잘랐을 때 사람마다 DNA 조각의 개수나 길이가 다른데, 이를 DNA 지문이라고 해. DNA 지문은 범죄 수사, 가족 관계 확인 등에 이용되고 있어.

 DNA로 어떻게 질병을 고칠까?

"DNA 지문 말고도 DNA를 이용하는 경우는 많아. 사람들은 질병을 치료하기 위해 DNA를 이용하고 있어."

"DNA를 이용해서 질병을 고친다고요?"

"응. 유전자에 이상이 있어서 몸에 질병이 생기는 경우, 이상이 있는 유전자의 DNA를 직접 고쳐 질병을 치료하는데, 이걸 '유전자 치료'라고 해."

장하다가 고개를 절레절레 흔들며 말했다.

"헐, 눈에 보이지도 않는 작은 DNA를 고친다니 믿어지지 않아요. 어떻게 하는 거예요?"

"대표적인 두 가지 방법을 소개할게. 첫 번째 방법은 이상이 있는 유전자를 잘라내는 거야."

용선생은 화면을 바꾸며 말을 이었다.

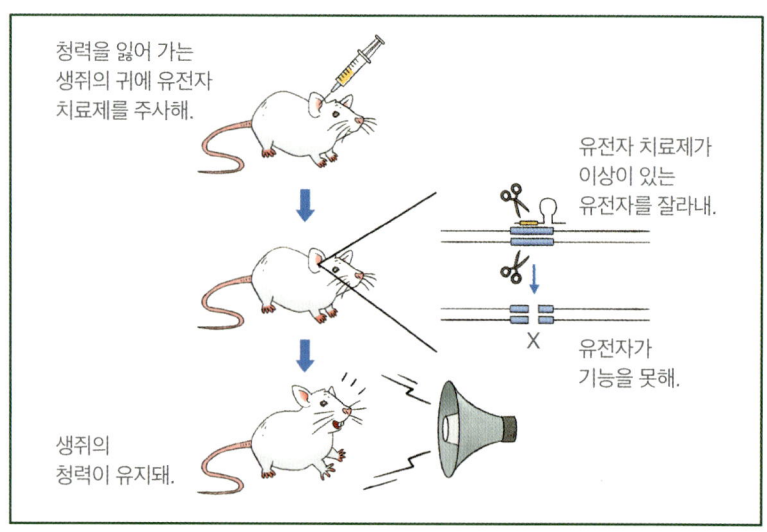

▶ 이상이 있는 유전자를 잘라내는 유전자 치료 과정

"쥐 연구를 예로 들어 볼게. 유전자 이상으로 귀의 세포가 점점 죽어 가서, 태어나서부터 점점 청력을 잃어 가는 생쥐가 있어. 과학자들은 이상이 있는 유전자만 자르도록 만든 치료제를 생쥐의 귀에 주사했지."

"그래서요?"

"이상이 있는 유전자가 잘려 기능을 못 하자, 귀의 세포가 더 죽지 않고 청력이 유지됐어."

"그런 게 가능하다니 놀랍네요!"

"정말 대단하지? 또 다른 방법은, 아예 이상이 있는 유전자를 자르고 정상 유전자를 끼워 넣는 거야."

아이들이 눈을 크게 뜨자 용선생은 화면을 바꿨다.

"지난 시간에 배운 혈우병 기억나니?"

> **곽두기의 낱말 사전**
>
> **청력** 들을 청(聽) 힘 력(力). 귀로 소리를 듣는 능력을 말해.

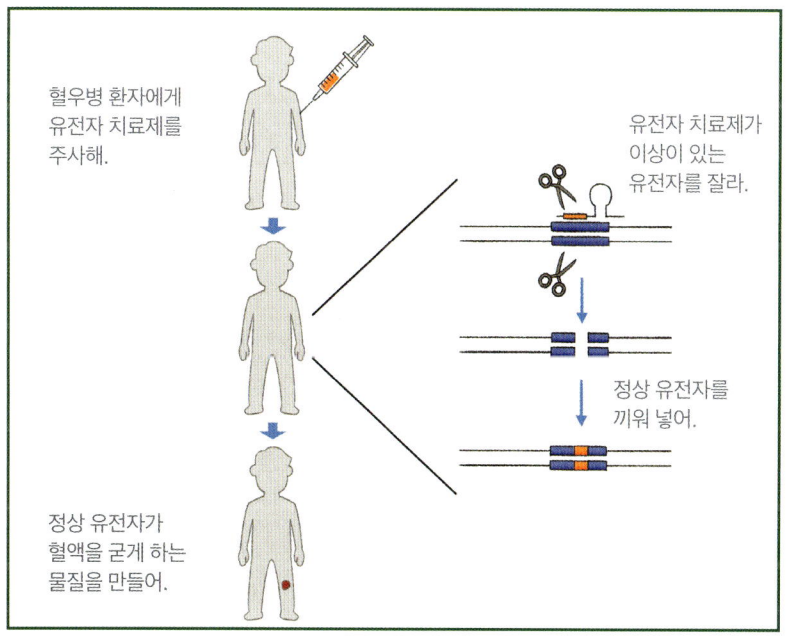

◀ 정상 유전자를 끼워 넣는 유전자 치료 과정

용선생의 과학 현미경
유전자 치료를 해도 정상 유전자가 환자의 자손에게 유전되지는 않아.

"네, 혈액을 굳게 만드는 물질이 부족해서 혈액이 잘 멈추지 않는 병이에요."

"그래. 혈우병 환자에게 치료제를 이용하여 정상 유전자를 넣으면, 혈액을 굳게 만드는 물질이 정상적으로 만들어져서 병이 치료되지."

"우아! 정말 굉장하네요!"

아이들이 놀라워하자 용선생은 웃으며 말했다.

"그렇다고 모든 병을 유전자 치료로 고칠 수 있는 건 아니야. 심지어 유전자 치료 부작용으로 목숨을 잃을 수도 있어. 하지만 계속 연구하고 있으니까 가까운 미래에는 원하는 DNA만 고쳐서 더 많은 질병을 치료하게 될 거야."

아이들이 고개를 끄덕이자 용선생은 말을 이었다.

"그런가 하면 DNA로 우리 몸속에 필요한 물질을 몸 밖에서 만들 수도 있다는 거 아니?"

"네? 어떤 물질을 만드는데요?"

"대표적인 물질로 '인슐린'이 있어. 인슐린은 혈액 속 당분의 양을 조절해. 몸속에 인슐린이 부족한 사람은 당뇨병에 걸리고, 당뇨병 환자는 매일 인슐린 주사를 맞아 부족한 인슐린을 보충해야 하지."

"그럼 인슐린이 많이 필요하겠네요?"

나선애의 과학 사전

당뇨병 사탕 당(糖) 오줌 뇨(尿) 병 병(病). 단맛을 내는 성분인 당분이 혈액 속에 많아져서, 오줌에 당분이 섞여 나오는 병이야. 오랜 시간 지속되면 눈이 멀거나 손발이 썩는 등 심각한 증상이 생길 수 있어.

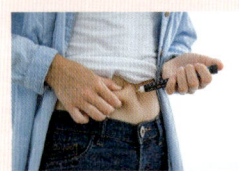
▲ 인슐린 주사를 놓고 있는 당뇨병 환자

"맞아. 예전에는 소나 돼지 같은 동물에서 인슐린을 얻었기 때문에 시간도 오래 걸리고 얻는 인슐린의 양에도 한계가 있었지. 이러한 한계를 넘어서기 위해 사람의 인슐린 유전자를 이용해서 인슐린을 대량으로 만드는 방법이 개발되었어."

"인슐린을 어떻게 만드는데요?"

"미생물을 써서 만들어. 미생물 중에서도 대장균을 쓰지. 대장균은 키우기도 쉽고 짧은 시간에 많은 수로 불어나. 그래서 대장균의 DNA에 사람의 인슐린 유전자를 끼워 넣고 대장균의 수를 아주 많이 불리면, 사람의 인슐린을 쉽게 많이 얻을 수 있어."

"우아! 사람의 유전자를 대장균의 DNA에 넣어서 사람

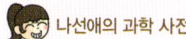

나선애의 과학 사전

미생물 맨눈으로 볼 수 없는 아주 작은 생물들을 통틀어 이르는 말이야. 세균은 미생물 중 하나야.

대장균 세균의 한 종류로, 주로 창자에서 많이 볼 수 있어.

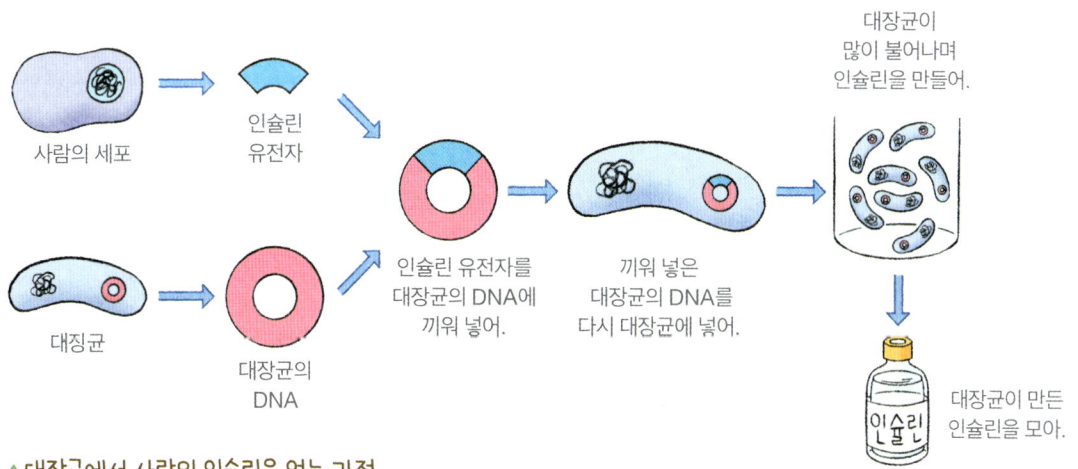

▲ 대장균에서 사람의 인슐린을 얻는 과정

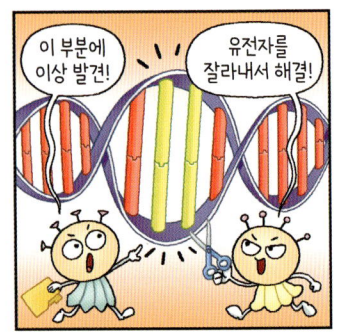

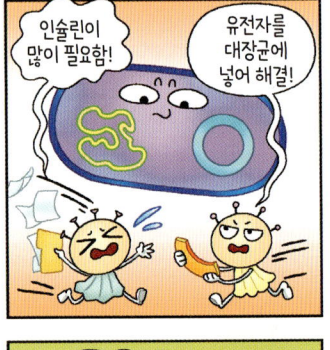

의 인슐린을 얻는다고요? 정말 신기하네요!"

"이처럼 유전 정보를 이용하거나, 유전자를 고쳐 병을 치료하고, 사람에게 필요한 물질을 대량으로 만드는 방법을 연구하는 학문을 '유전 공학'이라고 해."

"오, 유전 공학이 그런 뜻이군요."

핵심정리

유전 정보를 이용하거나, 유전자를 고쳐 병을 치료하고, 사람에게 필요한 물질을 대량으로 만드는 방법을 연구하는 학문을 유전 공학이라고 해.

 유전자 변형 생물을 만드는 까닭은?

"유전 공학에서는 주로 어떤 생물의 유전자를 다른 생물에 넣는 기술을 개발한단다. 대장균뿐만 아니라 동물과 식물에도 다른 생물의 유전자를 넣을 수 있어."

"네? 동물과 식물에도요?"

"그래. 동물이나 식물의 DNA에 다른 생물의 유전자를 끼워 넣기도 하고, 원래 있던 유전자를 없애기도 해. 이렇게 만든 생물은 자연 상태와는 다른 새로운 형질을 나타

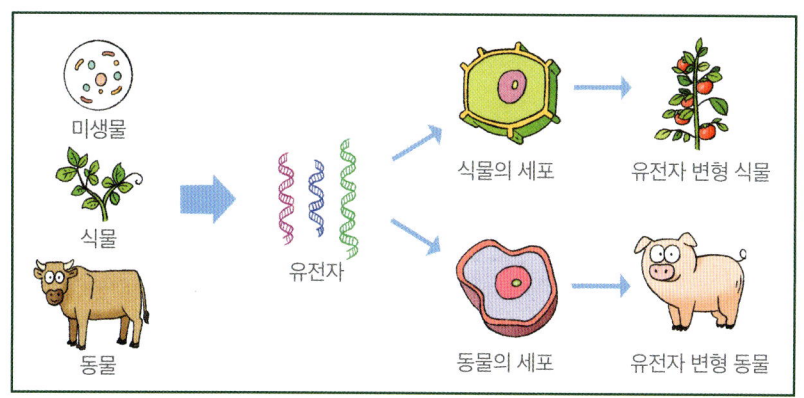

◀ 동물이나 식물의 DNA를 바꾸어 유전자 변형 생물을 만들어.

내는데, 이걸 유전자 변형 생물이라고 불러."

곽두기가 울상을 지으며 말했다.

"어휴, 동물과 식물의 DNA를 사람이 마음대로 바꾸다니…… 그런 걸 왜 하는 거예요?"

"대장균처럼 단순한 생물만으로 사람에게 필요한 물질을 만들 수 있다면 좋겠지. 하지만 모든 물질을 대장균으로 만들기는 어려워."

"아, 대장균만으로는 부족하군요?"

"응. 그래서 미생물 대신 동물이나 식물을 이용하지. 예를 들어 염소의 DNA에 사람의 유전자를 끼워 넣어서 사람에게 필요한 물질을 만드는 유전자 변형 염소를 만들어."

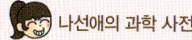

나선애의 과학 사전

유전자 변형 생물 생물의 DNA에 다른 생물의 유전자를 끼워 넣어 새로운 형질을 나타내게 만든 생물을 말해. 영어로는 genetically modified organism이라 하고, 앞 글자를 따서 GMO(지엠오)라고도 부르지.

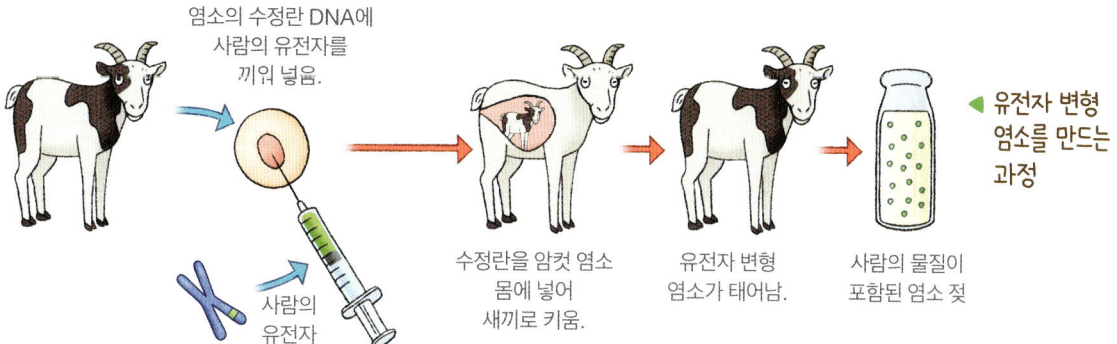

◀ 유전자 변형 염소를 만드는 과정

▲ 해충에 강한 유전자 변형 옥수수

유전자 변형 옥수수   일반 옥수수

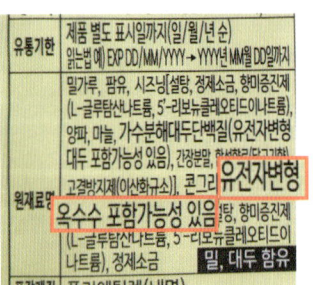

▲ 유전자 변형 생물 표시

"오호, 그렇게 만드는군요."

"이제 유전자 변형 식물에 대해 알아볼까? 대표적으로 해충에 강한 유전자를 가진 유전자 변형 옥수수가 있지. 이 옥수수를 해충이 먹으면 독성이 나타나 해충을 죽이지만, 옥수수 자체나 다른 동물에게는 아무런 해가 없단다. 그래서 옥수수를 키울 때 살충제를 쓰지 않고도 옥수수를 많이 수확할 수 있어."

용선생은 말을 마치더니 과자 봉지를 꺼냈다.

"우아, 간식이다! 이제 수업 끝난 거예요?"

"하하, 아직 아니야. 봉지의 뒷면을 잘 살펴볼래?"

"어? '유전자 변형 옥수수 포함 가능성 있음'이라고 쓰여 있어요."

"이 과자에 유전자 변형 옥수수가 재료로 쓰였을 수 있다는 걸 표시한 거야. 꼭 표시하도록 법으로 정해져 있지."

허영심이 걱정스레 물었다.

"혹시 이걸 먹으면 몸에 안 좋아서 그런 건가요?"

"유전자 변형 식물을 먹기 시작한 건 30년 정도밖에 되지 않았어. 아직 사람에게 어떤 영향을 끼치는지 잘 알려지지 않아서 미리 주의하는 거야. 사실 유전자 변형 식물은 먹을 때보다 키울 때 더 주의해야 해."

"어째서요?"

"만약 유전자 변형 옥수수의 꽃가루가 바람에 날려 야생 옥수수와 씨를 만들었다고 생각해 봐. 그럼 유전자 변형 옥수수의 유전자가 야생 옥수수의 자손에게 전해질 수도 있고, 만에 하나 우리가 알지 못하는 위험한 형질이 나타날 수도 있단다."

"어휴, 그런 일은 생기지 않게 해야겠네요."

"맞아. 이런 가능성 때문에 유전자 변형 식물은 정해진 장소에서만 길러야 하지."

"하아, 유전자 변형 생물은 좋은 면도 있고 나쁜 면도 있군요."

그러자 장하다가 과자 봉지를 뜯으며 말했다.

"선생님, 이제 과자 먹어도 돼요? 이걸 먹으면 오늘 배운 걸 절대 안 까먹을 것 같아요."

"하하, 좋아. 간식 먹고 잘 기억하기로 하자!"

핵심정리

생물의 DNA에 다른 생물의 유전자를 끼워 넣어 새로운 형질을 나타내게 만든 생물을 유전자 변형 생물이라고 해. 유전자 변형 생물은 유용하지만, 우리가 알지 못하는 위험성이 나타날 수도 있어.

나선애의 정리노트

1. 유전 공학

① 유전 정보를 이용하거나, ⓐ [_____] 를 고쳐 병을 치료하고, 사람에게 필요한 물질을 대량으로 만드는 방법을 연구하는 학문

2. 유전 공학의 이용

① DNA 검사
- DNA ⓑ [_____] : DNA를 잘랐을 때 사람마다 서로 다른 개수와 길이를 가지는 DNA 조각으로, 범죄 수사, 가족 관계 확인 등에 이용됨.

② 질병 치료
- ⓒ [_____] : 이상이 있는 유전자의 DNA를 직접 고쳐 질병을 치료하는 방법
- 치료 물질 생산: 사람의 유전자를 대장균의 DNA에 끼워 넣어 인슐린 같은 물질을 대량으로 만듦.

③ 유전자 변형 생물
- 생물의 DNA에 다른 생물의 유전자를 끼워 넣어 새로운 ⓓ [_____] 을 나타내게 만든 생물
  [예] 사람에게 필요한 물질을 만드는 유전자 변형 염소, 해충에 강한 유전자 변형 옥수수

ⓐ 유전자 ⓑ 지문 ⓒ 유전자 치료 ⓓ 형질

 ## 과학퀴즈 달인을 찾아라!

●정답은 115쪽에

01

친구들이 이번 시간에 배운 내용에 대해 이야기하고 있어. 옳으면 O, 옳지 않으면 X를 표시해 줘.

① DNA 지문을 이용하면 부모와 자식 사이가 맞는지 알 수 있어. (   )

② 유전자 치료로 모든 병을 고칠 수 있어. (   )

③ 동물과 식물에는 다른 생물의 유전자를 끼워 넣을 수 없어. (   )

02

친구들이 연구소에 견학을 가려고 해. DNA를 이용하는 방법에 대한 옳은 설명을 따라가면 연구소를 찾을 수 있대. 친구들이 길을 찾을 수 있게 도와줘.

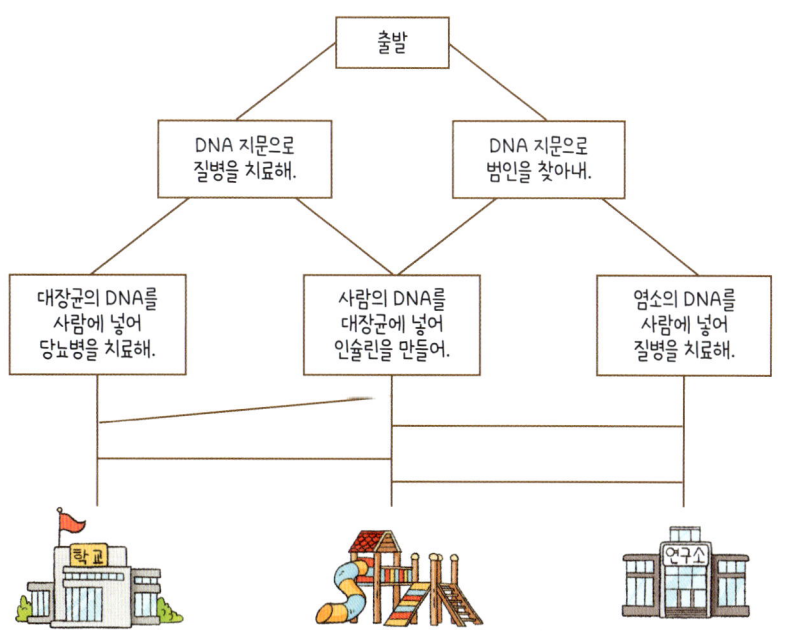

| 용선생의 과학 카페 | 용선생의 한국사 카페 | 용선생의 세계사 카페 | |

https://cafe.naver.com/yongyong

용선생의 과학 카페

과학계의 핵인싸,
용선생의 과학 카페에
오신 걸 환영합니다.

[Log in]

MENU

물리면 아프다
화학이 화하하
생물 오징어
지구는 둥글다

유전자 변형 생물을 찾아봐!

 염소, 옥수수 등에 유전자를 끼워 넣어 유전자 변형 생물을 만든다고 했지? 이외에도 여러 가지 목적을 위해 다양한 유전자 변형 생물이 만들어졌어. 어떤 유전자 변형 생물이 있는지 책이나 잡지, 뉴스를 찾아 조사해 보렴!

 허영심의 보고서

1. 대상 생물: 카네이션
2. 목적: 희귀한 색깔의 카네이션 생산
3. 유전자: 다른 꽃의 푸른색 색소 유전자
4. 내용: 빨간색 색소는 만들지만, 푸른색 계열 색소를 만들지 못하는 카네이션에 피튜니아와 팬지의 푸른색 색소 유전자를 넣어 변형함.

 장하다의 보고서

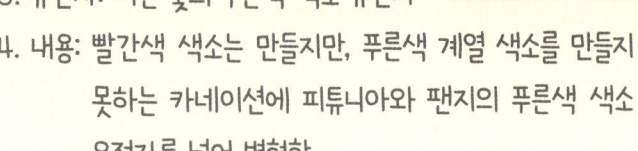

1. 대상 생물: 연어
2. 목적: 짧은 기간 동안 몸집이 큰 연어 생산
3. 유전자: 다른 물고기의 성장 유전자
4. 내용: 물 온도가 따뜻할 때에만 자라는 일반 연어에 다른 물고기의 유전자를 넣음. 유전자 변형 연어는 일 년 내내 자라서 빨리 몸집이 커짐.

 나선애의 보고서

1. 대상 생물: 열대어
2. 목적: 형광 물고기 생산
3. 유전자: 해파리, 산호의 형광 유전자
4. 내용: 원래는 하천이 오염된 정도에 따라 몸 색깔이 달라지는 물고기로 환경오염을 감시하려고 만들었음. 이후 관상용으로 쓰려고 다양한 색깔을 내도록 개발함.

- 장하다의 오답을 피하는 방법
- 나선애의 야무진 실험실
- 왕수재의 아는 척 과학교실
- 허영심의 별 헤는 밤
- 곽두기의 빅뱅 따라잡기

 왕수재의 보고서

1. 대상 생물: 수컷 모기
2. 목적: 말라리아, 뎅기열 같은 질병을 옮기는 모기 수를 줄임.
3. 유전자: 암컷 모기만 죽게 만드는 유전자
4. 내용: 유전자 변형 수컷 모기를 자연에 내보냄. 자연에 사는 암컷 모기와 짝짓기하여 변형 유전자를 가진 자손 모기를 만듦. 자손 중 암컷은 모두 죽어서, 결국 모기의 수가 줄어듦.

 다들 잘 조사했네! 현재 우리나라에서는 유전자 변형 생물을 직접 키울 수 없고, 외국에서 수입하여 재료로 이용하는 것만 가능하다는 것도 알아두렴!

COMMENTS

 와, 형광 물고기 너무 멋지다!
└ 근데 누가 하천에 버리면 어떡하지?
└ 눈에 너무 잘 띄어서 다른 동물에게 바로 잡아먹힐 거야.
└ 하긴 밝게 빛나는 간판을 단 거나 마찬가지네요!

가로세로 퀴즈

유전에 관한 가로세로 퀴즈야. 빈칸을 채워 봐.
띄어쓰기는 무시해도 돼.

가로 열쇠

① 남녀에 따라 형질이 나타나는 정도가 달라지는 유전 현상
② 한 생물이 생겨나서 다시 자손을 남길 때까지의 기간
③ 대립유전자 한 쌍이 분리되어 자손에게 전해지는 것, ○○의 법칙
④ 혈액을 종류별로 나눈 것
⑤ 순종의 대립 형질끼리 교배했을 때, 잡종 1대에서 우성만 나타나는 현상을 일컫는 유전의 원리
⑥ 생물의 DNA에 다른 생물의 유전자를 끼워 넣어 새로운 형질을 나타내게 만든 생물
⑦ 자신과 똑같은 형질의 자손만 만드는 생물

세로 열쇠

❶ 한 꽃 안의 꽃가루와 암술이 만나는 것
❷ 남자와 여자가 다르게 가지고 있는 염색체
❸ 하나의 형질 안에서 뚜렷하게 구별되는 특성
❹ 상처가 났을 때 혈액이 잘 멈추지 않는 병으로, 남녀에 따라 다르게 나타나는 병의 이름
❺ 순종의 대립 형질끼리 교배했을 때 잡종 1대에서 나타나지 않는 형질
❻ 생물의 형질을 나타나게 하는 유전 정보
❼ 서로 다른 순종끼리 교배하여 얻은 자손
❽ 생물이 자손을 만드는 것

●정답은 115쪽에

교과서 속으로

💬 교과서에서는 어떻게 배울까?

초등 3학년 1학기 과학 | 동물의 한살이

동물은 어떤 한살이 과정을 거칠까?

- **동물의 암수**
  - 동물에 따라 암수가 하는 역할이 다양하다.
  - 암수가 짝짓기하여 자손을 만든다.

- **새끼를 낳는 동물의 한살이**
  - 동물마다 임신 기간과 한 번에 낳는 새끼의 수, 새끼가 자라는 기간 등이 다르다.
  - 새끼는 어미와 모습이 비슷하고 어미젖을 먹고 자란다. 다 자란 동물은 암수가 짝짓기를 하여 암컷이 새끼를 낳는다.

 개의 한살이는 적어도 1년은 걸려!

초등 4학년 1학기 과학 | 식물의 한살이

식물은 어떤 한살이 과정을 거칠까?

- **식물의 한살이**
  - 식물의 씨가 싹 터서 자라며, 꽃이 피고 열매를 맺어 다시 씨가 만들어지는 과정
  - 강낭콩의 경우, 꽃이 지고 나면 꼬투리라는 열매가 생긴다. 꼬투리 속에 강낭콩 씨가 들어 있다.

- **한해살이 식물**
  - 한 해 동안 한살이를 거치고 일생을 마치는 식물
  - 벼, 강낭콩, 완두, 옥수수, 호박 등이 있다.

 멘델은 한살이가 짧은 완두로 유전 연구를 했지!

| 중 3학년 과학 | 생식과 유전 |

생식

- **염색체**
    - 생물의 생명 활동에 필요한 유전 정보가 있는 곳으로, DNA와 단백질로 이루어져 있다.
        ↳ DNA: 유전 정보가 담긴 물질
        ↳ 유전자: 각각의 유전 정보
    - 상염색체 : 남자와 여자가 공통으로 가지고 있는 염색체
    - 성염색체 : 남자와 여자가 다르게 가지고 있는 염색체

 사람의 성염색체에는 X와 Y가 있지!

| 중 3학년 과학 | 생식과 유전 |

유전

- **멘델의 유전 원리**
    - 우열의 원리: 순종의 두 대립 형질을 교배했을 때 잡종 1대에서 우성 형질만 나타난다.
    - 분리의 법칙: 한 쌍의 대립유전자가 분리되어 자손에게 전해진다.

- **사람의 유전**
    - 혈액형 유전: ABO식 혈액형에는 A, B, O의 세 가지 대립유전자가 관여한다.
    - 반성 유전: 유전자가 성염색체에 있어서 남녀에 따라 형질이 나타나는 정도가 달라지는 유전 현상

 중학교 때 배울 걸 미리 알아버렸네!

찾아보기

가계도 49-52, 54-56, 84, 88-89
교배 31-36, 38, 40, 51
당뇨병 100
대립유전자 35-38, 66-72
대립 형질 28-33, 35, 38, 50-56
대장균 101-103, 106
멘델 27, 29-35, 37-38, 40, 45, 52-53, 55-56, 68-69, 71-72
멜라닌 58-59
반성 유전 84-86, 89-90
분리의 법칙 35, 37-38, 41, 52-53, 71
상염색체 80, 90
색소 58-59
색맹 79, 82-87, 90
생식 14, 17, 82
성염색체 80-82, 84-85, 90
세대 28-29, 31, 34, 38, 45, 50, 52, 56, 89
세포 17-19, 21-22, 63, 95-96, 99, 101, 103
수혈 63-64, 74
순종 30-34, 36-38, 40, 46
쌍둥이 46-50, 56
열성 33, 35-38, 40-41, 52-56, 58-59, 66, 68-72, 83, 85, 87, 89-90
염색체 19-22, 35-36, 79-80, 90, 95, 97
완두 27-38, 40, 51, 66-67
우성 33, 35-36, 38, 40-41, 52-56, 58, 66, 68-70, 72, 74, 83, 87, 89
우열의 원리 33-34, 38, 40-41, 53, 68, 71, 83
유전 정보 16, 18-22, 95-96, 102, 106
유전자 16-22, 35-36, 47-49, 55-56, 58-59, 66-71, 82-90, 98-106, 108-109
유전자 변형 생물 102-106, 108-109
인슐린 100-102, 106
자가 수분 30-31, 34, 36-37, 41
잡종 32-38, 41
적혈구 63-67, 71-72, 74-75
핵 17-22, 95-96
혈액형 62-72, 74-75
혈우병 86-90, 99-100
형질 14-16, 18, 22, 27-30, 32-38, 40-41, 45-50, 52-56, 66, 79, 82-87, 89-90, 102-103, 105-106
ABO식 혈액형 65-66, 69-72
DNA 19-22, 94-98, 100-103, 106
DNA 지문 96-98, 106
GMO 103
X 염색체 80-85, 87, 89-90
Y 염색체 80-82, 90

퀴즈 정답

1교시

01 ① O   ② O   ③ X

02

> 힌트
> 생물은 생식을 해서 자손을 만들고,
> 자손에게 유전자를 물려준단다.
> 그래서 생물마다 생김새나 크기, 색깔 같은 특성인
> 형질이 서로 다르게 나타나.

2교시

01 ① X   ② O   ③ O

02

> 힌트
> ☐에 들어갈 숫자를 순서대로 누르시오.
>
> 멘델의 완두 교배 실험에서 잡종 1대를
> 자가 수분하여 얻은 잡종 2대에서는
>
> 하나 순종의 둥근 완두가 $\frac{1}{☐}$ 만큼 나타나.
>
> 둘 잡종의 둥근 완두가 $\frac{☐}{4}$ 만큼 나타나.
>
> 셋 주름진 완두가 $\frac{☐}{4}$ 만큼 나타나.

👉 알았다! 비밀번호는 **4 2 1** 이야!

3교시

01 ① ○ ② ✕ ③ ○

02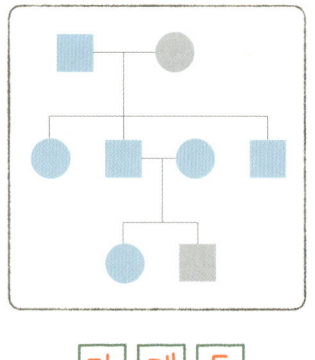

쌍둥이 가계도

4교시

01 ① ○ ② ○ ③ ✕

02
> 〈보기〉
> ABO식 혈액형의 유전에서
> 대립유전자 A는 O에 대해서 (우성)이고,
> O는 B에 대해서 (열성)이야.
> AO의 유전자 조합은 (A)형을 나타내고,
> BO의 유전자 조합은 (B)형을 나타내.

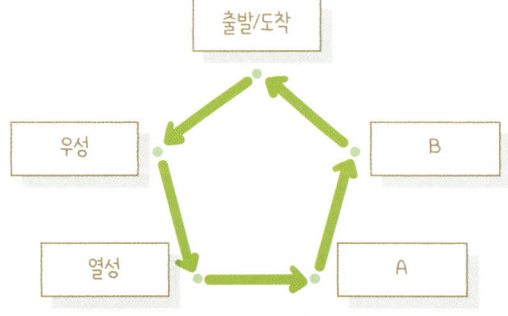

5교시

01 ① O ② X ③ O

02
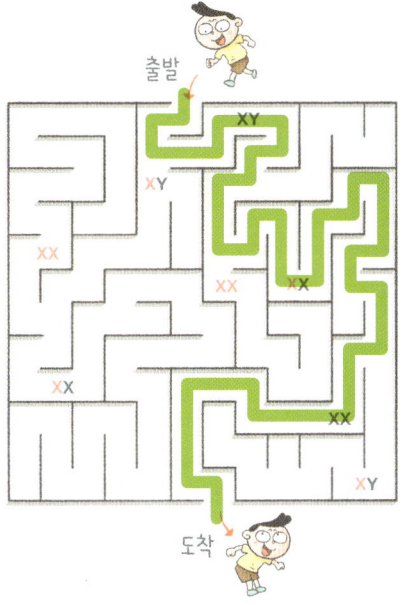

6교시

01 ① O ② X ③ X

02
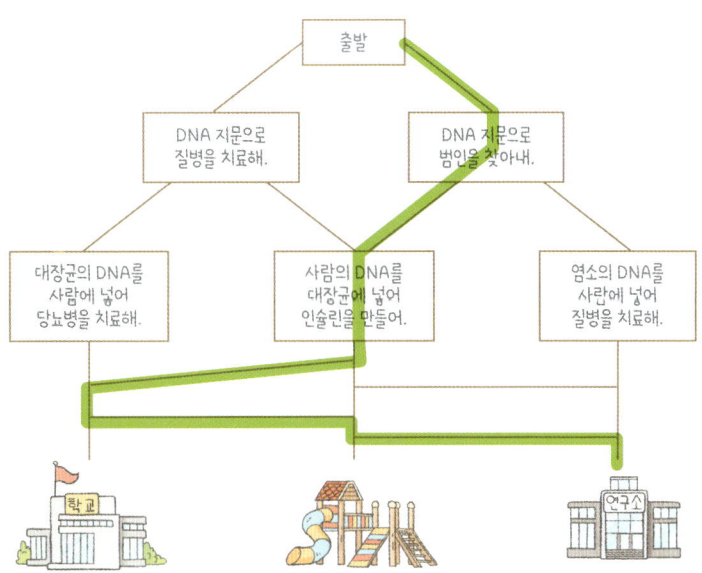

가로세로 퀴즈

				①반	❷성	유	전		
자					염			②세	❸대
가					색				립
수					체		④❹혈	액	형
❸분	리						우		질
							병		
⑤우	❺열	의	원	리					
	성			❻유					
				전					
	❼잡		⑥유	전	자	변	형	❽생	물
⑦순	종							식	

일러두기
- 맞춤법과 띄어쓰기는 국립국어원에서 펴낸 《표준국어대사전》을 따랐습니다.
- 과학 용어 표기는 《2015 개정 교육과정에 따른 교과용도서 개발을 위한 편수자료Ⅲ 기초과학, 정보 편》을 따랐습니다.
- 이 책에 실린 사진은 저작권자로부터 사용 허가를 받았습니다. 저작권자와 접촉하기 위해 최선을 다했으나 불가피한 사정으로 사용 허가를 받지 못한 일부 사진에 대해서는 저작권자와 연락이 닿는 대로 게재 허락을 받고 사용료를 지불하겠습니다.
- 이 책에 실린 그림의 저작권은 별도의 표기가 없는 한 사회평론에 있습니다.

사진 제공
21, 80쪽: Andreas Bolzer et al.(wikimedia commons_CC2.5) | 27쪽: 퍼블릭도메인 | 28, 29쪽: Martin Shields(Alamy Stock Photo) | 30쪽: Rasbak(wikimedia commons_CC3.0) | 63쪽: wellcomeimages.org(wikimedia commons_CC4.0) | 76~77쪽: Deposit photo, 포토마토 | 79쪽: 퍼블릭도메인 | 104쪽: Dr. Pat Poter(Texas A&M AgriLife Extension Service), 포토마토 | 108쪽: Pagemoral(wikimedia commons_CC3.0) | 109쪽: 퍼블릭도메인 | 그 외: 셔터스톡

용선생의 시끌벅적 과학교실 | 유전

1판 1쇄 발행	2021년 11월 25일
1판 5쇄 발행	2025년 5월 12일
글	설정민, 김형진, 이명화
그림	조현상(매드푸딩스튜디오), 김지희, 전성연
감수	박재근
캐릭터	이우일
어린이사업본부	이승필
책임편집	이건혁
편집	정세민, 최예리, 윤영빈, 윤성진, 김예린
마케팅	윤영채, 정하연, 안은지, 박찬수, 강수림, 허봄이
경영지원본부	나연희, 주광근, 오민정, 정민희, 김수아, 김승현
아트디렉터	강찬규
디자인	디자인서가
사진	포토마토
펴낸이	윤철호
펴낸곳	(주)사회평론
전화	02-326-1182
팩스	02-326-1626
주소	03993 서울시 마포구 월드컵북로6길 56 사평빌딩
출판등록	1993년 10월 6일 제 10-876호

ⓒ 사회평론, 2021

ISBN 979-11-6273-199-4 73400

- 이 책 내용의 일부나 전부를 다시 사용하려면 저작권자와 사회평론의 동의를 받아야 합니다.
- 잘못 만들어진 책은 바꾸어 드립니다.

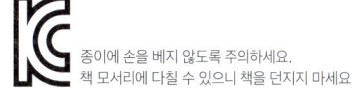

종이에 손을 베지 않도록 주의하세요.
책 모서리에 다칠 수 있으니 책을 던지지 마세요.